北米大陸てくてく放浪記

シストリ

Sister Trip

小山優美

みらい
PUBLISHING

はじめに

「何故、旅をするの？」

私はそんな問いをよく人から受ける。２０１７年の年末に新卒から数年働き続けた会社をやめてマルタに短期留学をしてもその答えは出ず、留学後、プラプラと一人旅をしても答えは出なかった。英語は全然喋れないままだけれど、この数年で異なる語学への恐怖心はだいぶ薄れた。旅の醍醐味である異国での景色を堪能して、その土地土地ならではの食を味わう。すべて楽しい。だが、どれも私的に旅をする理由としてしっくりくるものではない。私の場合、多くの旅好きな人たちと比べて、語学への勉強意欲も高くなければ、冒険心が強いわけでもない。さらに言えば、放浪癖もないし、１つの場所に留まることが耐えられないタイプでもない。でも、気づくと私は自然と旅に出ていて、今またこうしてカナダの地を踏んでいる。何故なのだ。もしかすると、旅を日常生活の延長線上のような感覚で捉えているからなのかもしれない。しかし結局、旅する理由の答えは出ない。

ここ数年の間に世界はめまぐるしい変化をみせた。口元はマスク必須。外出自粛によって活性化されたリモートワークやリモート飲み会。家族や友人にも気軽に会えず、旅の話はタブーとされた。本屋からは旅行本のコーナーが消え、国別に規則正しくガイドブックがシャンと並べられていた場所には料理本が、紀行文や旅エッセイがあったところには自宅を華やかにするインテリアのＨＯＷ ＴＯ本が並んだ。テレビをつけると、朝も夜も常に暗い顔をしたキャスターが、暗いニュースを読み上げている。世界から娯楽が消えてしまったかのようだった。数分の外出であっても、人との距離に注意しながら数分おきに手を除菌する日々を過ごして、我々はいつか訪れるであろう「世界が元に戻る日」をひたすら待ち、と同時に、もしかすると終わりが来ることはないのではないかと悲観もしていたのに、最近では、多少の名残はあっても、それももう過去のことになってきている。なんだか不思議な感覚だ。

都内で一人暮らしをしている私がこの数年一番つらかった出来事は、息を吸うように気軽に行っていた海外に行けないことではなかった。この数年家族や大切な友人にさえも気軽に会えないのに、どこかに旅したいなんて一ミリも思わなかった。日々眉をしかめさせる要因は、思いがけず知った周りとの意識の違いと価値観の差。だからこそ同じ価値観の家族や友人に会いたかった。かといって会っても、大した話をするわけでもない。ゴロゴロと同じ空間でテレビを見て、携帯をいじっているだけ。それでも気軽に会いに行けないなんて。普通の幸せの貴重さをここ数年で私はとことん思い知ったのであった。

人々にとって「旅行」とは何なのだろう。そんな状況を振り返り、ふと私は考えた。むろん、日々さまざまな行動に制限がかかるこの世の中で、紀行文ことに海外のものを読むことは「今行けないのになんでわざわざ」と思う人も多いかもしれない。本を読むことで疑似体験の感情を抱く人は多い。そんな人からしたらツラくなるだけだ。そう思って、自分が数年前に妹とした旅について思い返すこともしなくなった。

でも、実際に宇宙に行けなくても星空を見上げるだけで楽しいように、魔法を使えなくても魔法の世界の物語に吸い込まれるように、旅行本も実際にその地に行ける行けないなんてことは関係ないのではないか。そんな風に考えなおした。幼い頃から家には大量の本があった。それだけでは飽き足らず、小学校に上がった私は学校の図書館で一番本を借りていた。そして、毎日大量の本に囲まれながら眠りについた。中学生になると読む本のジャンルが広がった。歴史小説。ミステリー。海外の本。推理小説。多くの本が私を虜にした。そんな中、「紀行文」も読みはじめた。最初に手に取ったのは沢木耕太郎氏の『深夜特急』である。無我夢中でページをめくり、世界の地に思いを馳せた。だが、その時の私は読みながら自分が本の中に書かれた地に「行ける」「行けない」なんてことはまったく気にしていなかった。それどころか、あの頃の私はいつか一人で海外に行くようになるなんて想像すらしていなかった。ただ読み物として紀行文を楽しんでいたのだ。そして、それは大人になった今でも変わらない。簡単に旅行に行ける世の中だろうと、それが難しかろうと、紀行文を読むのは楽しい。


行けないからこそ、行っていたころの記憶を。

行けないからこそ、これから行きたい場所について。

会えないからこそ、会えていたころの時間を。

会えないからこそ、会ったら一緒に新たにつくりたい思い出を。

過去も未来も現在も全部ひっくるめて自分で、周りも含めて自分だ。旅する理由もそこをひっくるめて思い返したら、自分の中に何かピンとくるものが見つかるかもしれない。だから敢えて、今書こう。数年前、私が3歳下の妹とした旅、シスタートリップ（シストリ）について。

2019年、春のことだった。6月にアラスカで白夜マラソンというのが開催されるという記事が目に入った。場所はアラスカの「アンカレッジ」、開催は「白夜」。ルートや参加費など詳しい情報を調べる前から私の心はときめいていた。「アンカレッジ白夜マラソン」、なんとパワーのある言葉なのだろう。ニート独身アラサー。三重苦を背負いながら生きる私へ世間が向ける目は痛い。自由きまま幸せに生きているのだから、周りが私の現状をどう思うかなんて私がことさら気にする必要はない。……と頭の中ではわかっているのだが、それでも気にしてしまう。この頃の私はそんな世間の厳しい目に抗うように日々やみくもにインパクトある物事を探すことに力を注ぎ、それを実際に行動に移すことで自己肯定感を上げていた。そして、そんな状況下で目にしたのが、このマラソン大会である。今の私にこの大会はぴったりだ。参加しない選択肢はなかった。そうしてアンカレッジ白夜マラソンの存在を知ってからものの数秒で、新たな旅の幕が上がった。

だが、学んだ記憶も遠い過去、この時の私はきちんとアラスカの場所を理解していなかった。最近では、テレビに出ている若いアイドルの名前だってなかなか覚えられないのだから、海外の地理の知識などとっくのとうに抜け落ちている。まぁ、アメリカ合衆国にあるのは間違いない。そして、おそらく北部だ。大きなシロクマがいそう。トナカイも。暮らしている人々はグレーもしくは白のふわふわの民族衣装を着ているに違いない。そんなイメージはサンタクロースに寄せすぎているだろうか。サンタはフィンランドだからアラスカは違うか。あぁ、そうか。イヌイットか。携帯に疑問を投げかけるだけですぐに答えが出る時代に、調べることに労力を費やすことすら怠け、私は頭の中でもくもくと仮想アラスカを作り上げていた。今回に限らず、私の旅のスタートはいつもそんな適当なものだ。そうして、考えるだけ考えつくして満足しきった私は、ようやく世界地図を広げ、アラスカの位置を確認した。すると、アラスカは私が想像していた通りの場所にしっかり存在していた。そして、そのすぐ南の国名が目に入った瞬間、私は新たに最高のアイデアを思いついた。

「そうだ、カナダ経由で行こう!」

カナダには私の妹がいる。彼女は中学を卒業するやいなや単身カナダに渡り、そのままカナダに住み着いた。今はカナダの航空会社で働き、人生の半分以上をカナダで暮らしている。妹に最後に会ったのは去年。その頃の私はマルタ共和国というヨーロッパの島国に留学をしていて、彼女は私に会うためにカナダから来たのだ。そして、そして、マルタからそのまま9ヵ国におよぶ初の姉妹旅行をし、旅を終えると我々はお互いそれぞれの地へと帰った。私は日本、妹はカナダへと。

だから、カナダ在住の妹と「カナダ以外の地」で会ってこそいるものの、私は長いことカナダを訪れていなかった。はて、最後にカナダに行ったのはいつのことだろう。頭をフル回転させても思い出せず、本棚からアルバムを引っ張り出す。母と妹と共に写真に写る自分の表情はかなり若い。どうやら2010年の写真のようだ。さらにアルバムをめくると、クリスマスツリーの写真が出てくる。滞在したホテルのロビーにあったものだ。大きな本物のモミの木。その木にめいっぱい彩られたイルミネーション。そのライトがキラキラと輝くのを見て「なんて外国っぽい光景なんだろう」と感じ、当時の私はやけに感動したのだった。それを機に、次々と当時の記憶が蘇ってくる。そうだ、あの時は年末年始を挟んで2週間ほどカナダに行ったのだ。バンクーバーオリンピックの直前だったのに、街はクリスマスの飾りつけでいっぱい、オリンピックの雰囲気がまるでない街並みに驚愕したのを思い出す。月日の流れとは早いものだ。あの頃とは街並みも変わっているかもしれない。よし、もう絶対カナダに行くぞ。なんだか楽しみになってきた。早速航空便の空き状況をネットで確認し、妹の確認を取ることもなく、私は9年ぶりにカナダ行きのチケットを手にしたのだった。

CONTENTS

第一章

カナダ周遊編
バンクーバー・ビクトリア

まずは、バンクーバーへ

梅雨入りをするかしないかという時期。しとしとと窓を濡らす雨音を聞きながらようやく空のスーツケースを開けた。出発前日の夜中の話である。さすがに準備がギリギリすぎる。私は前もって準備するのがどうにも苦手だ。

そもそも雨なのが悪い。雨露が窓ガラスをスッと流れていくのを見ていると時間の流れがいつもより遅く進んでいるように思えて、思わず「まだ大丈夫だろう」という考えになって、手が止まってしまう。だが、天気がよければよかったで外出したくなって荷造りを投げ出してしまうだろうから、天気のせいではなく自分自身の問題なのかもしれないが、それは置いておこう。

そもそも、何故この時期のマラソン大会にエントリーしたのか。世界を見渡せば一年中どこかしらで大会はやっているものの、やはり大会は秋冬に多い。しかし、私にはある事情があった。5月下旬以降しか予定があいていなかったのだ。というのも、実は年が明けてから私は旅三昧だった。行先はケニアやらエジプトやら。とにかく独りで飛び回っていた。

そんな一人旅の最中、ふとそろそろどこかに腰をすえたいと考えるようになった。だが、東京に戻りたいわけではなかった。短期留学したマルタのような、駐在でもワーホリでもなく、ふらっと趣味のランニングをしながら心地よく過ごせる場所。そんな場所を探していた。だが、そう思う一方でそんな都合の良い場所なんてあるわけがないとも思っていた。そんな矢先に見つけたのが「アラスカ白夜マラソン」だった。アメリカのマラソン大会なら都合がいい。そのままシカゴでもサンフランシスコでもどこかのアメリカの都市に短期留学して、そこを拠点にアメリカを横断するのもいいかもしれない。ついでにカナダの妹のところに少し遊びに行こう。そんな感じで考えていた。だが結局、金銭面の折り合いがつかず拠点をカナダに置くことになったわけである。まぁ、結果オーライだ。

スーツケースは全然埋まらないが、焦る気持ちはない。なんせこの間まで一人旅で行っていたのはカナダよりもっと遠隔地ばかり。その時だって前日に準備しても、現地で何も問題がなかったのだ。今回の旅の行先は大都会バンクーバー。しかも、宿泊先は今までの旅行のようにホテルではなく、ずっと妹のアパート。どうにかならないわけがない。ベッドにごろんと横たわり、開きっぱなしのスーツケースを眺める。どうにかなる……。そんな風に楽観視しているといつの間にか眠りについてしまい、出発の朝を迎えたのであった。

まゆの仕事が終わるまで

「いい、カナダについたら、仕事終わるまで空港でそのままおとなしく待っててね」

「……」

「わかったの？」

「うん」

「変な人について行っちゃダメだよ」

「うん」

「空港には無料 Wi-Fi があるから、それ繋いでちゃんと連絡してね」

「うん」

「2時間もすれば仕事終わるから、わかった？」

「うん」

「ナビーン（妹の彼氏）がその日休みだから空港に行ってってって頼んだから。合流してコーヒーでも飲んでいるのよ」

「うん……」

小学生の子供が初めて独りで郊外に住むおじいちゃんおばあちゃんの家に行くことになり、心配しながらも送り出す親と子が交わすやりとりのようだが、「うん」とひたすら答えているのは私だ。この時、30歳。好きな食べ物は湯豆腐、おでん、茄子の煮びたし、そして銀杏。どこからどう見ても落ち着き漂う大人である。一方、子どもに話しかけるような感じで姉に接しているのは、カナダでバリバリに働く3歳年下の妹のまゆである。このやり取りだけ切り取るとどっちが姉でどちらが妹かわからない。

9年ぶりのカナダ。私が到着する日、妹は出勤だという。急に渡航を決めたから仕方がない。住所を聞いてタクシーで勝手に妹の家に向かおうと考えていた。だが数日後、妹からその日仕事が早く終わることになったという連絡がきた。航空会社で働く妹の職場は空港だ。そのためカナダ到着後、私はそのまま空港で2時間程妹の仕事が終わるのを待つことになった。だが、そこまでの流れが決まったのはいいものの、何故か妹は私が独りで空港で過ごすことを心配していた。その心配度合いは異様なもので、いつの間にか妹が付き合っているインド人の彼氏のナビーンを空港に向かわせる手筈まで整えるほどだった。だが、妹のその気遣いは不思議だった。何故かというと、私の海外渡航回数はもうすぐ3桁。一般的にみても海外渡航の経験は多い方である。その上、この年の前年に私はヨーロッパのマルタ共和国に語学留学をしに行っている。しかもその時、妹はマルタに遊びに来て、姉妹でそのまま約数ヵ月間マルタから9ヵ国ほど旅行をしたはずなのだが、それでも妹は私が心配らしい。あの旅で何か心配させるようなことを私はしてしまったのだろうか。

「わかった?」

「返事は?」

その後も何度も何度も念押しされる。胸に手を当てて再度前回の旅について考えてみるが、やっぱり心当たりになるようなものは何もない。もしやバンクーバーは私が知らない間にとても危険な街に変貌しているということなのだろうか。なんせ9年ぶりだ。街中をマフィアやギャングがうようよ闊歩する国になったのかもしれない。それならば、合点がいく。まぁどっちにしろ妹の仕事が終わるまでは2時間もある。ぽつんと独りでその時間を過ごすよりも話し相手がいてくれた方がありがたい。そんなこんなもあって、まゆとナビーンの親切に素直に甘えることにした。旅は常に危険と隣り合わせ。マフィアだろうとギャングだろうとドンとかかってこい。戦いは既にはじまっている。

そういえば、英語が話せない私と日本語が話せないナビーン。二人っきりで2時間も会話はもつのだろうか……。

待ち合わせは明確に

何年も前でも不思議と目が覚えているものである。飛行機を降りバンクーバーの地に立つと、広がっている景色に妙な懐かしさを感じ思わず鼻をふくらます。妹から「いつも混んでいて1時間以上かかる日もあるよ」と言われ身構えていた荷物受け取りのターンテーブルも自動入国審査の端末も何故かまったく人がおらず、ものの15分程ですべての検査が終了した。これにて無事カナダに入国完了である。今のところマフィアやギャングにも出会っていない。手続きがすべてスムーズにいきすぎて、大げさだが久しぶりの渡航をカナダが国をあげて歓迎してくれているような気分になる。今回もいい旅になりそうだ。とりあえず、ナビーンと妹との三人のグループメッセージにカナダに到着した旨を連絡する。

「バンクーバーついたよ、荷物もピックアップしたよ」

すぐに既読になり、ナビーンからメッセージがかえってくる。

「ウェルカム！　思っていたより早く手続き終わったんだね」

「そうなの、なんかガラガラだったから」

「ラッキーだったね。今そっちに向かっている所なんだけど、ゆーみ、今どこにいるの」

目ぼしいものがないかと周りを見渡してみると、ちょうど目の前に大きな銅像がある。

「なんか大きな銅像が前にあるよ」

「像ってなに？　どんなの」

「なんか、わかんないけど変な銅像」

「変な銅像ってなに？　動物？」

「うーん……」

むむむ……、これはなんの像なのだろう。正直、日本語でもなんて言い表せばいいのかわからない。これは人なのだろうか。それとも動物だろうか。それさえもわからない。人の内面を表しているものかもしれない。眺めれば眺めるほど、そんな変な想像だけが膨らみ、すっかり答えが出ない底無しループにハマってしまった。そもそも周りに他の銅像は見当たらないけれど、「どんな像？」とナビーンが聞いてくるということは、この空港にはほかにも銅像があるということなのだろうか。とりあえず写真を撮りナビーンに送ってみるも、やっぱりわからないようで、結局出発ロビーのカフェで落ち合うことにした。コーヒーを飲んでいるとカナダでも目立つ身長の高い男性がすぐに声をかけてくる。ナビーンだ。

「ハーイ、ナビーン久しぶり」

私とナビーンが会うのは約1年ぶり。妹とナビーンのインドの実家に遊びに行って以来だ。

「久しぶり。長旅おつかれさま、疲れた？」

「ずっと寝ていたから、全然大丈夫だよ。でもお腹すいちゃった」

「まゆが来たらみんなでブランチでも食べに行こう」

ナビーンが簡単な英語を選んでゆっくりと話してくれているからか、意外とたどたどしい日本語交じりの英語でもなんとかなる。二人でしばらく話していると、思ったよりも早く仕事を終えた妹がやってきた。

「ちょっと聞いてよ、今日、仕事でこんなことがあって……」

カナダについたばかりの姉に「疲れたでしょ」なんて労いの優しい言葉をかけるわけでもなく、「久しぶり」とか「ハーイ」なんて挨拶をするわけでもなく、妹はプリプリした様子で仕事の愚痴を言っている。同じ一つ屋根の下で今も過ごしているようなやり取り。それが自分たちを取り囲む空気を一気に「日常」の空間へと変えていく。まぁ今更きちんとした挨拶をするのは照れくさく、逆にそんなやり取りをするのは他人行儀っぽいとお互いが考えているというのもあるのだろう。だが、なんだか不思議な気持ちが自分の中に充満していくのがわかる。日常っぽいのに、ここはカナダ。海外なのに国内にいるような感覚。まるで実家に帰った時のような気持ち。変な感じだ。

前回カナダに訪れた時はホテル滞在だった。思い返せば、日本の私のアパートに妹が訪ねてくることはあったけれど、私が妹の住まいを訪ねることは今までなかった。人生初である。今回、海外に行くのに、どうも自分の中で旅行という感覚が湧かないと思っていたが、それは今回「旅」をするというより「妹の家に行く」という感覚の方が強いからなのかもしれない。そんな思いがふと頭をよぎった。

魅惑のスパイス料理

2018年に妹とナビーンの実家がある南インドのトリバンドラムに遊びに行って以来、私はすっかり南インド料理にドはまりしている。だが、日本にあるカレー屋さんはいわゆる日本風カレーと言われるものや、インドカレーはインドカレーでもバターチキンカレーをはじめとした北インド料理が多く、南インド料理のお店はあまり見ない。日本風カレーもバターチキンカレーも好きだが、やっぱり恋焦がれるのは南インドの味。あの旅では毎日朝から夜までスパイス料理を食べ、しまいには頭皮からスパイスの匂いを漂わせていたというのに、今の自分からは普通の体臭しか香らない。まぁスパイス料理をまったく食べずに、スパイスの体臭を放っていたらなんらかの病気を疑った方がいいかもしれないが、とにかく私はそれほどまでに南インドを恋しく思い、本格的な南インド料理を食べたいと願い続けていた。

あぁ、魅惑のスパイス料理よ。ナビーンの家族から「部屋は余っているからいつでもホームステイしにおいで」と声をかけてもらってはいたものの、少なくとも直近ではインドに行く計画はない。この思いを叶えられるのはいつの日になるのだろうと枕を涙で濡らしながら思い続けていたのだが、何故か私はカナダに到着してしょっぱな南インド料理屋へと向かっている。

断じて言っておくが、私がカナダについた途端にナビーンや妹に「南インド料理が食べたい」なんて我儘を言ったわけではない。ナビーンの車でぶーんと行先も聞かずご飯屋さんに連れだしてもらったら、たまたま着いた先が南インド料理屋だったのだ。

だが、ここのレストランは彼らの家からは少し距離がある。ゆえに、妹とナビーンもそんなに頻度高く来ているお店ではないらしい。でも、バンクーバーでお気に入りのレストランの一つで、私が来たら必ず連れてこようと決めていたお店だったという。こんな運命あるだろうか。さすが我が妹は誰より私のことをわかっている。最高だ。レストランに到着すると、既にたくさんの車が駐車されていて人気のお店というのがうかがえる。

「どの建物がレストラン？」

「え？　これだよ、これ。目の前の建物」

「え……、ここが本当にインド料理屋さん……？」

目の前にそびえ立つ建物は独特の外観をしていて、現代アート美術館と言われたら頷いてしまうし、はたまた若者向けの新しいファッションビルだと言われても納得してしまう。簡単に言うと、外観はすべて銀色でしかもそれがキラキラと輝いているのだ。ランドスケープ。アルミホイル。スパンコール。オーロラ。妙にカタカナを用いて表現したくなるそんな外装だ。これだけ書くと何それと思われるのだろうが、これ以上の説明はできない。それなのに、中に足を踏み入れると独特な外装を忘れてしまうほどのオシャレな空間が広がっている。なんだ、この不思議なお店は。壁には大きな象やエジプトの肖像画のような絵が飾られアジアっぽさ全開だ。サリーを着たインド人のお客さんもいるが、カナダ人のお客さんも多く、国籍を問わず評価が高いことがわかる。

とりあえず、二人のおすすめを注文する。しばらくすると目の前にガーリックが香るナンやチキンチリカレー。エビのマサラ炒めや鴨のビリヤーニなどのたくさんのスパイス料理が置かれた。香ってくる匂いはあの南インドで嗅いだものだ。これは期待大。

「いただきます！」

スプーンいっぱいに料理をのせ、一気にほおばると口の中に広がったのは紛れもないあの懐かしいスパイスの風味。それが鼻につきぬけていく。あぁ、最高。目をつむってしまえばもうここは南インドだ。脳裏にはケララの美しいビーチが広がる。

次にビリヤーニを食べると、特製のソースがかかっていて美味しい。なんとこれは鴨のソースだという。インド料理で鴨、聞き馴染みがなかったが、混ぜれば混ぜるほどビリヤーニとソースが絡まりあってこれがまた最高だ。食べはじめてからずっとスプーンが止まらない。目の前に山ほど置かれていた料理を三人であっという間に食べ終え、ノンシュガーのチャイを飲みながら余韻にひたっていると、丸メガネをかけたインド人の男性が1テーブル1テーブルまわって挨拶しているのが目に入る。妹に尋ねると、どうやら彼はこのお店のオーナーシェフらしい。しかも、テレビ出演もしているカナダの超有名人なのだとか。私たちのテーブルにもやってくると、「ここで食事するのは初めてかい？」と挨拶した。

「ちょくちょく来ているよ。ここは僕たちの大好きなレストランだからね」

ナビーンが答える。すると、

「だからか、君らのことを見覚えあると思ったんだ。でも、いつもは二人じゃないかい？」

「そう。今日は僕の彼女のお姉さんが日本から来たからここに連れてきたんだ」

そう言うと、ナビーンはシェフの前に私を出す。

「バンクーバーは初めてかい？」

大きな身体のシェフが優しく問いかける。バンクーバーに来たのは数年ぶりで初めてではないと素直に言えばよかったのに、咄嗟に会話の中心に置かれて、英語がまったく出てこなくなってしまった私はとりあえず「うん」と大きくうなずいてみる。

「うちのお姉ちゃんは日本からあなたの料理を食べに来たの」

やり取りを聞いていた妹が横から適当なことを言うと、ナビーンも後に続く。

「ここは最高のお店って前から彼女のお姉さんにも言っていたんだよねー」

「そうそう」

その言葉を聞いて喜んだシェフは二人の言葉を疑う様子もなく、とびきりの笑顔で私にハグをしてくる。私は今日初めてこのお店の存在を知ったというのに、妹カップルは二人して適当である。まぁ、ここは二人のノリにのっかろう。シェフに「とってもいい食事で、最高の旅のスタートをきれたわ」と伝える。だが、この言葉は嘘ではない。なんでも本場で食べるのが一番。なんて言うが、美味しいものに国境は関係ない。美味しいものはどこで食べたって美味しいのだ。

食後はそのまま車を走らせ、夜のドライブ。港町の「ホワイトロック」までやってきた。夜9時を過ぎているというのにまだ太陽が完全に沈みきっていないような空は、青ともピンクとも紫とも言えない色をしている。そして、海にもそんな空の色が映し出され遠くまで広がっている。頬に当たる海風がなんとも気持ちいい。どこまでも続く海沿いの遊歩道に沿うように電車の線路が続いている。日本だとこの時間に幼い子を連れた家族連れが出かける光景はあまり見かけないが、バンクーバーの夜はまだ明るく、たくさんのちびっこたちが元気に駆け回っている。ベンチに腰掛けながら、ぱんぱんに膨れ上がったお腹を休め、そんな光景をただただ眺める。カナダの日々はまだはじまったばかり。

母の親友に会いに

いい人の定義とは。優しい、自分より他人のことを一番に考える、前向きである、悪口や愚痴などネガティブなことを言わないなど。定義は人それぞれ色々あると思うが、私は断言する。「いい人なんてこの世の中にいない」と。ねじ曲がっていると言われても仕方がないことをあえて断言するのには理由がある。人というのは誰しも隣の畑は青く見え、誰しも人と自分を比べ、誰しも多かれ少なかれ悪口を言う生き物なのだ。妬みがない人なんていない。私もそんな一面がある。これは仕方ないことなのだ。そう、だからいい面を持った人はいても、100パーセント完璧ないい人はこの世にいないと考えている。

今回アラスカついでのカナダ行きを決意した時に、母から「必ず会って!」と言われていた人物がいた。それは、母の親友である。名前はトゥルーディ。以前、母がカナダに来た時に数ヵ月間ホームステイさせてもらった家主である。年のほどは母より少し上くらい。

「世界中で一番いい人だから！」

「あんなにいい人に出会ったことがない、ゆーみも一度は会ってみてほしい」

母はそう言う。一番いい人って大げさな。だが、会うこともないだろうと母が言うたびに心の中で「また言っているよ」とひねくれた感情で思いながら、その発言を聞き流していた。だが、カナダに行くことを決めた今、いつものように聞き流すわけにもいかない。特段会いたいわけではないが、今後も自由生活を続けるにはここで母の機嫌を損ねてはならない。妹に母の意見を伝え、妹経由で連絡をとると、トゥルーディから「待っているからいつでもどうぞ」という返事が返ってくる。私なら家族の知り合いだろうと会ったことのない人を家には絶対に呼びたくない。それを顔見知りの親族とはいえ、会ったことのない異国の人をお家に招いてくれるなんてもう既にいい人っぽいオーラは醸し出しているが、それでもすぐに信用してはならない。

会うことになった旨を母に伝えると、

「いいなー、私もトゥルーディに会いたい」

と連日大合唱。いつ会うんだと毎日のように母から連絡がくるが、言ってもすぐ忘れるから言う意味がないと思われているのか、妹はいつ何をするのか何も私に教えてくれない。そのせいで私はカナダで過ごすスケジュールをまったく把握していなかった。

「明日トゥルーディのところに行くからね」

そう聞かされたのはなんと妹の彼氏のナビーンからである。

しかも、明日って。また急な。妹も知らなかったようで驚き、バタバタと準備をしはじめている。だが、私がびっくりしたのは明日行くことになったからではない。妹だけでなく妹の彼氏のナビーンまで「トゥルーディ」に会ったことがあるということに驚いたのだ。しかも、今回トゥルーディと連絡を取り合っていたのはナビーンだったと聞くからさらに驚く。我が家と彼女はどんだけ密接な関係なんだ。会っていないのは私だけ。会いたいと思ったことはなかったがなんだかのけ者にされたような気分。まぁ明日会うからいいのだが。

というわけで、ナビーンの運転でいよいよ噂のトゥルーディに会いにいくことになった。

フェリーでリゾート地ビクトリアへ

トゥルーディの家があるのはバンクーバーからみて北の方にある「ビクトリア」という地域。飛行機などで行く方法もある

が、今回はフェリーで行く。妹曰く、これが一番定番なんだそう。早起きをして、フェリー乗り場があるツワッセンまで車を走らせる。フェリー乗り場に到着すると、既に何十台もの車が案内されるのを待っていた。乗船を待つ車の中に、荷台から車体以上に大きな荷物がはみ出しているものがある。そんな車を見かけるのも海外ならではの光景だ。まるで袋から飛び出たフランスパン。どうやってここまで走ってきたのか想像もつかなければ、これからどうやって船に乗り込むのかも想像ができない。

フェリーには車のまま乗りこむのだが、何台まで車が乗せられるかは決まってはいない。大きいトラックを先に案内してからようやく個人の乗用車の順番がくるため、ギリギリまで乗り込める保証はないのだ。乗れなかった場合は自然と次の時間帯のフェリーになり、数時間待たなければならない。ぽっこりお腹のおじちゃんが車と車の間をぬうようにぐるぐると歩き、乗用車の台数を数えている。どうやら、どの車まで船に乗るかだいたいの判断をつけているらしい。「我々は乗れそうですか？」と聞くと、「正直君らは微妙なライン」と言う。今日はいつも以上にトラックが多いのだという。ドキドキしながら順番を待つ。しばらく経つと思っていたよりすんなりフェリーに乗り込めた。

「なんだ、乗れたじゃん」

「おじちゃんがギリギリって言うからドキドキしちゃったよ」

「ざっくり車の数を数えていたから、一応危ないって言っておいただけじゃない？」

そんな風に三人で会話していると、後ろから「がしゃん」という大きな音と共にちょうどゲートが閉められた。どうやら我々の車でこの便のフェリー乗車は打ち切られたらしい。前言撤回。おじちゃんの目視はすごい。色々とラッキーだ。

ビクトリアはいわゆるリゾート地。カナダでは老後に住みたい町ランキングでナンバーワンにも選ばれている。そのせいか、フェリーに乗車している人も年齢層が高めだ。皆とびきりのオシャレをし、乗船している。私もあんな風に楽しい老後を過ごしたい。そんな彼らの様子を見るとなんだ

か幸せな気分になる。もしかしたら無意識のうちに彼らと同じ年になった時の自分の姿を重ねているのかもしれない。そんな穏やかな雰囲気のデッキで時計を確認するとまだ10時過ぎ。船内のカフェでエッグベネディクトとコーヒーのモーニングセットを頼む。ようやく朝ごはんだ。コーヒーを飲みながら、フェリーと同じくらいのスピードで飛ぶ海鳥たちを眺める。鳥たちも行先はビクトリアだろうか。ビクトリアまでおよそ1時間30分。新体操のリボンのような航走波を残しながら、船は真っ青な空と同じくらい青い海をぐんぐん進んでいく。

どこかで見覚えのある景色

船が到着。再び車を走らせる。ビクトリアはかつてイギリスに統治されていた時代があり、その影響でアフタヌーンティーなどの英国風の生活習慣が今でも残っている。その影響か街並みもヨーロッパのようだ。そんな景色を見ていると、不思議な感覚が頭の中を駆け巡るようになる。なんだか、妙に見覚えがあるのだ。去年ヨーロッパ旅行していたせいだろうか。助手席に座るまゆにその思いを伝えると、

「前にも連れて来たじゃん。てか、この間もその話したじゃん。聞いていなかったの?」

妹は後部座席を振り向きながら少し怒った様子でそう言った。やってしまった。不要な一言を

発したせいで、覚えていなかっただけではなく、話を聞いていなかったこともバレてしまった。

まぁ、フォローしなくても、そのうち機嫌は収まるだろう。

トゥルーディとの約束の時間はまだ先。車を一旦駐車し、街を歩いているとかつての記憶がどんどん鮮明に思い出されてくる。そういえば、母とこのホテルでアフタヌーンティーをした。この道も通った。ここで写真を撮った。

前回来たのは冬の時期。花はまったく咲いておらず、寒くて仕方がなかった。だが、今目の前の道端には花が咲き誇り、小舟が行き交うインナーハーバーの水面はキラキラ輝いていて、初夏の訪れという感じ。妹はまだむくれているが、私が全然違う景色に見えたのも仕方がないじゃないと開き直る。しばらく街歩きを楽しんだ後いよいよトゥルーディのお家に向かう。大きな門をくぐった先にあるかわいらしい家の前で車は停まる。ピンポンを押すとショートヘアでメガネのシュッとした、いかにも頭の回転が速そうな女性が顔を出す。

「みんなー、待っていたのよーー。ようこそいらっしゃい」

「どうぞ、中に入って」

笑顔で中に招き入れてくれた彼女がトゥルーディである。妹とナビーンは楽しそうに会話をしているが、私はすっかり緊張モード。そんな状態が解けぬまま家に入ると、すぐに目にとまったのは家の中に置かれたこだわりの家具。家具の横には茶色の木目調が映えるように置かれたグリーン。そして大きめのソファー。コンピュータールーム。リビングに面したアイランドキッチン……。どれもこれもオシャレそのものだ。オシャレそのものなのだが、どことなく見覚えがある気がする。しかもこの見慣れた感じは一度見たことがあるとかいうレベルのものではない。瓜二つなのだ。

「そっくりでびっくりしたんでしょ？」

目を丸くしている私を見て、トゥルーディは笑いながらそう言った。その笑顔を見る限り、どうやら彼女は私のこのリアクションを予知していたらしい。

そう、この家とそっくりなのは日本の実家だったのだ。広さは違うが雰囲気はほぼ一緒。元々私の母は海外のインテリアマニアなのだが、どうやらこの家にすっかり魅了されたらしい。そして、何度目かにここに訪問した時にその思いをトゥルーディに伝え、真似させてほしいと直談判したのだとか。トゥルーディもこだわりがつまった自分の家を気に入ってもらえたことが嬉しくて、二つ返事で了承したらしい。そして、テンションが上がった二人で部屋中を物差しで測りまくったという。まったく、うちの母は……。

「ホームステイをした人でそんなことをした人なんて彼女が初めてよ」

トゥルーディは嬉しそうにその時の話をする。

「だから早く日本の私の家にも行ってみたいのよ」

日本の私の家か。トゥルーディと母の関係は面白い。もし私が誰かに自分の家を真似したいと言われたら「なんだこの人」となるが、それは日本人同士を想像しているからそう思うだけで、異国から来た友人からされたら嬉しく感じるのかもしれない。話の流れで母にビデオ通話をつなげて、トゥルーディに電話を渡すと私たちがいるのも忘れて、大興奮で画面上の再会を楽しんでいる。不思議な安心感につつまれ、あっという間に私はトゥルーディとも打ち解けたのであった。

トゥルーディは何年も前に旦那さんに先立たれて今は独身である。犬を1匹、猫を1匹、室内で飼い、穏やかな生活を送っている。2匹はどちらも穏やかなトゥルーディに似ていて吠えることもなく人懐っこい。彼らと遊んでいる合間も「クッキー焼けたからどうぞ」「コーヒーもあるよ」「紅茶がよければ言ってね」とトゥルーディはおもてなしの手を休めない。そんなトゥルーディについつい甘えてしまってのんびり過ごしてしまう。初めて来たとは思えないなんという居心地のよさ。ソファーでゴロゴロと猫と戯れていると、いつの間にかそのまま眠ってしまっていた。はっ、いけない。ここは人のお家だったとすぐに起きる。まだ外は明るい。どうやら寝てしまっていたのは一瞬だけだったようだ。

「今、寝ちゃってたわー……」笑い話のように、クッキーをつまんでいる妹にそう言うと、

「みーんな、ゆーみが爆睡していたのを知っている」

「え……？」

「え？　じゃないわよ。初めて来た家で何しているのよー！」

どうやら一瞬と思っていたのは私の勘違いで、私はかなり長いこと寝ていたらしい。だが、怒る妹をよそに家主のトゥルーディは満面の笑みで「うちに来ると何故かみんな寝ちゃうのよね」そう小声で言いながら横を指す。指さした方向を見ると、なんと隣のソファーでナビーンが爆睡している。私一人じゃなくてよかったと思わず安堵。幸せな時間はあっという間に過ぎていき、近くのおすすめのレストランでみんなで夕食を食べて、再会を約束する。

「いつでも来ていいからね」

そう言いながら、私が寝ている間にさらに焼いたという大量のクッキーをお土産に持たせてくれた。なんという心遣いなのだろう。トゥルーディはよく留学生を受け入れているらしく、ナンバーワンホームステイに選ばれたこともあるというが納得でしかない。

そういえば、幼い頃は母の友達が家に来たり、自分の友達を家に招いて誕生日パーティーを開いたりしていたが、いつからか私は「友達は友達」「家族は家族」と自分の中で括りをつけるようになってしまっていた。そんな状態も大学からずっと独り暮らしだから仕方ないと思っていたが、ナビーンや海外の友人と話すとそんな自分の考え方を覆される。皆、家族の交友関係を把握しているだけではなく、本人がいない場面でも交流するのだ。まるで波平がワカメちゃんやカツオの友達に街で偶然会った時でも自然と話かけるような感じで、家族の知人たちとやり取りをする。これは日本ではあまり見かけない。でも、正直こんな関係性は羨ましい。母からトゥルーディのことを前に聞いた時は会うことに対して否定的だったのに、そんな拒否反応はどこへやら。実際に会った今は心がほっこりとしている。これからはもっと自分の交友関係について親や妹に話をしてみてもいいかもしれないと思った、そんな出来事だった。

お土産という悩み

日本から海外の友人や家族に会いにいく時、もしくは仕事で海外に行った時の取引先へのお土産に何を持って行くか。これは誰しもが悩む問題だ。今私もそんな難問に直面していた。

「なんでも買えるからいらない」

何か食べたいものや必要なものがあればお土産に持って行くよと言ったのに、うちの妹ときたらそんなかわいくないことを言ってくるのだ。「じゃあ本当に何も持っていかないし」なんて売り言葉に買い言葉みたいなやり取りは昔だったらしたかもしれないが、我々はもう30歳を過ぎた大人だ。そんなことはしない。しかも、さすがにカナダ滞在中ずっと妹の家にお世話になるのに何も持っていかないわけにはいかない。ただそんな姉の思いはよそに、何度聞いても妹からは「いらない」「こっちでなんでも買える」と同じ返答ばかりがかえってくる。その上、しつこく聞きすぎてうざがられる始末である。結局、何が正解かわからないままスーパーで適当に目につくものをひたすら買った結果、買いすぎてトランクの半分以上がお土産でいっぱいになっていた。

何を持っていったのかというと、和風のパスタソースやら粉末スープ。そして、道の駅で買ったドレッシングソースやら独りだと食べるのに躊躇するちょっと高めのお菓子。要は、海外に行くからこれを買ったというよりは自分が食べたいものを持っていったのだ。結果として、数ヵ月にもわたる居候生活での食事に役立ったのでこれはこれでよかったのだが、どうやら「カナダでなんでも買えるからいらない」と言った妹の言葉は嘘ではなかったようだ。

私は2018年にマルタに短期留学していた。その基準で物事を考えていたのが間違っていた。そもそも、カナダとマルタでは移住しているアジア人の数が違う。カナダはかなり多い。そのため、台湾系のスーパーがチェーン展開しており、点心をはじめとしたお惣菜やアジア料理で食べられがちな鍋用のお豆腐や普通なら海外では手に入りにくい薄切り肉も売っている。さらには日本の銘菓なんかも置いてある。

また、カナダには日系のコンビニがある。その名も「みんなのコンビニや」。店名の安易さに思わず笑ってしまうがバカにはできない。ここにはなんでもあるのだ。割高ではあるが、海苔などの食料品。昆布だしや味噌のような調味料。さらには、日本のコンビニでレジ前によく売っているみたらし団子まで忠実に再現されている。おまけに店頭にはクレープ屋。ここは原宿か。食べ物だけではなく携帯のレンタルサービスまでやっている。営業時間こそ24時間ではないものの日本語対応ができるということで重宝されているらしい。

コンビニやスーパーだけじゃない。街にはラーメン屋もあるし、天丼屋もあるし。焼肉だってある。カナダはなんと住みやすい国なのだろう。確かに、妹が言っていた「なんでもある」というのは嘘ではなかった。ここにはなんでもある。だが、困ったことにそれは同時にカナダに訪れるたびに今後も引き続き私がお土産選びに頭を悩ませてしまうということを意味している。うーん、便利すぎる世の中も少々困りものである。

パンパン！　ここジャパパン

空港を出てすぐのタクシー乗り場から街中にいたるまでそこら中で目にするのはカナダを称した文字ではなく、「ジャパドッグ」「ジャパドッグ」「ジャパドッグ」。あまりにも目にする機会の多さに、私が今いるこの場所はもしや日本なのではと思ってしまう。

そんなカナダの至る所で目にするジャパドッグとは、バンクーバー発祥のホットドッグ店の店名だ。なんでも、今から15年程前にカナダに渡航した日本人夫婦が屋台を出し、売りはじめたお店らしい。だが、トレーラー型のお店は今やカナダの街中至るところで見かけ、店舗も10店舗以上ある。そして、今ではカナダだけではなくアメリカの西海岸にも拡大して営業をしている。ジャパドッグというだけあって置いてあるメニューも日本を感じさせるものが多く、照り焼きマヨネーズや、大根おろしがのっているような和風のホットドッグを中心に、たこ焼きなどのサイドメニューもある。そういった変わったメニューが評価され、ロサンゼルスの大会で優勝したこともあるのだとか。トレーラーには来店したセレブたちの写真が飾られ、今ではセレブご用達のお店。もはやジャパドッグはカナダ名物と言っても過言ではない。

バンクーバーに来たばかり。まだ日本食を恋しいとは思ってはいないが、せっかくなので、空港近くのアウトレットの中にある店舗型のお店で食べてみることに。店構えはいわゆる日本でもよく見るようなチェーン店のハンバーガー屋のような感じだ。まだ昼前の時間帯だが店内は終始行列ができ、老若男女問わず賑わっている。海外で日本料理を食べた経験も何度もあるし、今更英語表記の日本料理を見てもなんとも思わないと思っていたはずなのに、ファーストフード店特有のポップなフォントで「OKONOMI（おこのみ）」とか「OROSHI（おろし）」とか書かれていると、なんだか妙にノスタルジックな気分になる。

レジでセットメニューを注文し、財布から紙幣を取り出し、店員さんに渡す。だが、目の前の店員さんは私が渡した紙幣をレジにいれることもなく、そのまま紙幣を持ったままウロウロと店内を歩いている。おつりの小銭がちょうどきれていたのだろうか。状況を読み解きたいが、店員さんは無表情だ。そのまま様子を眺めていると、次の瞬間。店員さんは私がさっき渡した紙幣を電灯にかかげて透かしているではないか。しかも、今度は様々な角度から紙幣の手触りを確かめている。私が偽札を持っていそうな怪しげな感じに見えたのだろうか。人相が悪いなんて思ったこともないし言われたこともないが、笑顔が少し足りなかったのかもしれない。だいぶ人が並んでいる中、かなりの時間を割いてようやく私の会計は終了した。なんともいえない哀愁をまといながら無事にゲットできたジャパドッグセットを抱え、席をとっていた妹のもとに行き、

「ねぇ！　なんか怪しまれたんだけど」

そう言い、先ほどの店員さんとのやり取りの一部始終を伝えると、

「カナダではキャッシュレスが進んでいて、現金で支払う人は少ないから仕方ないよ。現金は偽物の可能性もあるし、それにゆーみが持っている紙幣は古いやつだから余計怪しい」

「へぇー、カナダはさすがね」

「そ。だからみんなカード決済。まゆだって、現金は持ち歩いていないでしょ」

言われてみれば、妹は小さい掌サイズのカバンでいつも出歩いていて、そんなに何も入らないカバンでどうやっているのだろうと密かに思っていた。てっきり化粧ポーチを持ち歩いていないせいかと思っていたが、そもそも妹は化粧ポーチどころか財布すら持たず、カードだけを持ち歩いていたというわけだ。色々腑に落ちたところで、ようやくジャパドッグを食べる。肝心の味はというと、そんなこんながあった衝撃のせいか正直あまり覚えていない。まぁ普通に美味しいホットドッグだった気がする。次回も必ず食べようとまでは思わないが、コンビニが少ない海外では

小腹の足しにちょうどいいかもしれない。

あれからもうすぐ2年が経とうとしている。新型ウイルスで色々なことに気を遣わなければいけない社会になったこともあり、私はようやく長年の現金主義を卒業した。そして、細かい買い物でもクレジットカードやスマホ決裁することに慣れた。今でなら迷いなく、どこでだってスッとスマートにカードでもなんでも出せる。

再戦の時をしばし待て、ジャパドッグ。

こんな優雅な一日があってもいい

今日の目覚めは最高だ。まだベッドの中。カーテンすら開けていない。けれどそんな寝っころがった状態でもわかるくらいカーテンの隙間からはさんさんと太陽が輝き、こちらをじっと見ている。春と夏のちょうど間のいい季節。昨日までずっと天気が悪かったとは思えない。今日はとってもぽかぽかした陽気だ。太陽に急かされるように目覚めた我々はお散歩に行くことにした。行先は「バンデューセン植物園」という庭園だ。バスに乗ると、ものの数十分ほどで目的地に着く。

チケットカウンターで入場券を買い、敷地内に足を踏み入れる。まだほんの数歩だが、目の前に広がっている美しい景色に早くも心が癒される。あちこちで花たちが「私が一番綺麗」「いや私よ」と主役の座を主張し合いながら咲き誇り、雨上がりの露をまとったままの緑の葉は木漏れ日を受けてキラキラと輝いている。なんて素敵な景色なのだろう。実はここには小人や妖精が住んでいるんだよと誰かに言われても、今なら信じてしまうかもしれない。7500種類もの植物が植えられている園内は、そんな景色が四方八方に続いている。それにしてもどんだけ広いのだろう。さっきから歩きまわっているが出口がまったく見えない。なんでもここの敷地面積は東京ドーム1・7個分以上もあるという。もともとここはゴルフ場で、それを大型集合住宅にする開発計画だったのだが、市民からの猛反対に遭い現在の植物園の形になったのだという。木々が生い茂る中にいきなり巨人用にしか見えない大きな赤い椅子が置かれていたり、不思議の国のアリスに出てきそうな迷路のような生け垣があったり、見学する人を楽しませる仕掛けばかりだ。この時期が一番綺麗かと思いきや、冬にはイルミネーションで飾られ、それはそれで楽しめるらしい。

歩きまわっているとひらけたエリアに出た。様々な薔薇が咲き誇っていて、この空間だけとびきり華やかな雰囲気だ。赤やピンクや黄色の薔薇の道を白いドレスを着た人がパッと通りすぎる。どうやらここでウェディングパーティーが開かれていたらしい。パーティー途中の花嫁がブライズメイドと笑顔で写真を撮っている。なんと美しい光景なのだろう。

「おめでとう、とっても素敵！」

思わず声をかけると、花嫁さんは満面の笑みを向けてくれた。自分の知り合いではなくても、見るだけで幸せな気持ちになる。四季折々の植物と幸せな門出を見られて、今日は本当に最高の1日。たまにはこんな優雅な感じで過ごすのも悪くない。

大事なものからは目を離すな

今日は夕方にナビーンと合流して、三人でステーキを食べにいくことになっている。明後日からナビーンはアメリカで仕事。しかも、数週間は行きっぱなしだという。つまり、我々がアラスカに行く前にナビーンに会えるのは今日が最後。だから、マラソンの壮行会をしようとナビーンが声をかけてくれたのだ。相変わらずの朗らかな気候。ナビーンと合流するまでダウンタウンで買い物をしていると、ナビーンから電話がかかってきた。まだ合流予定の時刻よりはだいぶ早いが近くまで来たのだろうか。そう思いながら妹が電話に出る。

「え……」

話せば話すほど、先程まで買い物をして浮かれきっていたまゆの顔がどんどん変わっていっている。スピーカーフォンになっていなくとも、妹の様子を見ているだけで、いつもの「はーい、ハニー」「やっほー、マイベイビーちゃん」みたいな会話はされておらず、ただならぬ雰囲気が漂っていることがわかる。しかも、電話口からはナビーンがバタバタしている様子が漏れている。状況はよくわからないが、とにかく様子がおかしい。

「とりあえず、すぐにそっちに行くから」

電話をきった妹にどうしたのと尋ねると震える声でナビーンが強盗にあったと答えた。詳細はわからないようで、ナビーンが車を停めていた中心部にある教会に早歩きで向かう。歩いて10分くらいの距離なのに、なんだかいつもと違う景色のように見えてくる。教会の裏には何台も車が停まっていたが、すぐにナビーンの車がわかった。あの背の高いナビーンが背中を丸めながらしょんぼりと車を眺め、いつもより小さく感じた。

ナビーンに声をかけ近寄ると、お手上げといった感じで車を指さした。ちょっと窓が割れているとかいうレベルではなく、バリンバリンで車内もしっちゃかめっちゃかになった車がそこにはあった。どうやら強盗は聞き間違いで、車上荒らしにあったようだ。車上荒らしでまだよかった。ナビーンが教会に寄っていて車から離れていたほんの数分の間に車を荒らしたらしい。ナビーンがいる間に襲われたわけではなく、ナビーン自身にケガもなく一安心。だが、後部座席に置いていた小さいバッグが盗られてしまったらしい。その中にはサイフやカード類だけではなく、パスポートなど身分を証明するもの一式がまるまる入っていたのだとか。肩を落とすナビーンにかける言葉もない。

「来週アメリカに仕事で行く予定だったのにどうしよう」

「どのくらい車から離れていたの？」

「ちょっと教会に寄っただけだから、5分も離れていないよ」

「えーー。ところで警察には連絡したの？」

「うん。電話したんだけど、今日は来られないらしい」

ドラマの知識だけだが、警察による現場検証とか証拠保全とかは事件発生当日にするものではないのだろうか。それとも海外だと違うのだろうか。私も妹も車上荒らしにあったことがないため何が正解なのかわからない。とりあえず、車をそのままにしておくわけにもいかない。車内に飛び散っている割れたガラスの破片を拾って片付けるため、近くの百貨店でタオルや軍手を買っ

て戻ってくると、偶然通りかかったおじいさんが声をかけてきた。

「車上荒らしにあったのかい?」

そうだとナビーンが答えると、

「この辺は治安がよくなくてね。だから残念ながら、よくこういうことが起きるんだ」

そう言い、おじいさんは残念そうな顔をうかべた。かなりこの辺りのことに詳しいなと思っていると、どうやらこのおじいさんはここの教会の神父様なのだという。警察が動いてくれないことを伝えると、おじいさんの計らいで特別に後日教会の防犯カメラを見せてもらえることになった。捨てる神あれば拾う神ありとはこういうことなのかもしれない。

「僕はいつもこういう目にあうんだ……」

神父のおじいさんが過ぎ去った後も、しょんぼりうなだれ続けるナビーンを二人で必死に慰める。だが、こういった時にどういう言葉をかけてあげるのがよいのかわからない。しかも、ナビーンは前に乗っていた車も盗難にあっており、車絡みの災難が続いていた。

「一応、後部座席ももう1回確認して他に取られたものがないかチェックしよう」

「なんもないと思うけど……盗られなかったのはそのマフラーだけだし」

そう言いながら、マフラーの周りに残っていたガラスの破片を片付けていると、

「あ！」

ナビーンが突然大声をあげながら振り向いた。そして、その手にはなんとパスポートが。後部座席に置いていたマフラーの下にあったらしい。ナビーンの不注意で元からバッグの外に出ていたものなのか、犯人がバッグを急いで盗んだ時に偶然パスポート一式だけ飛び出たのかはもはやわからないが、これぞまさに不幸中の幸いである。日本のパスポートと違って、インド人のナビーンは色んな国に行くのに査証が必要。しかも、仕事で海外に行く頻度も高いため、ヨーロッパやらアメリカやらアジアやらよく行く国々の査証認定証をパスポートケースの中に一緒に入れていたのだが、それらもすべてそのままだったという。

「やっぱり神様はいるんだね。よかったね」

「ナビーンはもし飛行機に乗って、それが墜落していたとしても、ナビーンは無人島で生き残れるよ。こんな強運の持ち主なのだから」

「確かに、神父様も防犯カメラを見せてくれるって言っていたしね」

「そうそう。あと、もし銀行にいる時に強盗が押し寄せて来たとしても、ナビーンはケガ一つしないで助かると思う」

「あと周りが何かの拍子でゾンビになったとしても、ナビーンは一人だけ生き残れ……」

二人でそんな風に盛り上がっていると、ナビーンがぽつり。

「ねぇ……。二人とも、そもそも僕はそんな危険な目にはあいたくはないんだけど」

「あ、そうだよね。ごめん」

我々姉妹揃ってデリカシーの欠片もない。再び静寂が辺りを包む中、ナビーンが申し訳なさそうに口火をきる。

「じゃあ、そろそろステーキ食べに行こうか」

「いやいや、ステーキどころじゃないから」

まゆと声が重なる。気をつかって言ってくれたのだろうが、今日は帰った方がいい。

「でも、二人とステーキ食べるって今日は約束していたし……。壮行会だし」

「そんなのいいから、今日は家に帰ったほうがいいよ」

「わかった。じゃあまた今度。マラソン終わったらお疲れ様会をしよう。僕は二人が言う通り今日は帰るよ」

「そうしたほうがいい」

ナビーンは帰る準備をしはじめる。改めて事件にあった車を見る。こんなガラスがバリンバリンの車は見たことがない。「帰る前に一つだけお願いが……」とナビーンに声をかける。

「なに?」

「言いづらいんだけど、この車の写真とってもいい?」

「自由にどうぞ」

ナビーンは力なく笑うと、そのままガラスが割れた車に乗りこみ帰っていったのだった。

Cheers!!!

小山シスターズ!!!

第二章

アラスカ白夜マラソン編
アンカレッジ

お待たせしました、アラスカです！

　ここまで読んだ皆さんは、そろそろこんな思いを抱いているのではないだろうか。この姉妹、全然アラスカ行かないじゃん、と。冒頭に書いておきながら、これまでアラスカの「ア」の字も出てこない。というわけで、お待たせしました！

　ここにきてようやく、アラスカ、アンカレッジに向かう時がやってきた。

　アンカレッジまではバンクーバー空港から直行便が出ているが、少し割高。少しでも安く行く方法はないかと悩んでいると、ナビーンがカナダ・アメリカ間の国境の先にあるベリンガム空港からであれば、ＬＣＣの直行便が運航していると教えてくれた。しかも、たまたまナビーンのアメリカでの仕事が数日後倒しになったため、空港まで車で送ってくれるという。持つべきものは、頼りになる妹の彼氏である。「空港に行く途中にお気に入りのカフェがあるから、そこでブランチをしよう」と計画まで立ててくれた。

　当日、数日前の車上荒らし騒動も忘れ、車内の空気は和やかに楽しく車を走らせる。数時間後、国境に到着。「カナダ」「アメリカ」と標識が置かれ、いかにも「国境」という感じ。ちょうど国の境目となる場所にはピースアーチという白い門が建てられ、2ヵ国の国旗がかかげられている。風にゆらゆらと優雅に国旗がなびく姿は名前の通り平和そのものだ。

車を駐車場に停めてイミグレーションオフィスに向かうと、既に多くの人が並んでいる。陸路でのアメリカ入国の審査に必要なのは、パスポートとESTA。セキュリティチェックなどはなく、空路より審査は簡素だ。なのに、列はまったく進む様子はない。一人一人に時間をかけている感じでもない。後ろに並んでいる人が業を煮やして、「乗る予定の飛行機の時間がギリギリなんだ。前にいれてくれない？」と声をあげているが、誰もその声を聞く者はいない。かわいそうだが、他の人たち同様彼の代わりに後ろに並ぶまでの余裕は私たちにもない。

「でもブランチは厳しいかもね」とナビーンが言う。

「やだーーーー、おなかがもう限界だよー」

「ゆーみがお腹すいているのはいつものことじゃん」

そんな風に冗談を言い合いながら呑気に並んでいたものの、やっぱりまったく列が進む様子はない。……これ、今日アラスカ行けるのだろうか。考えたくはないが、このペースだと飛行機の出発時間に間に合わないかもしれない。さっき声をあげていた人の気持ちが今になってわかる。私たちもいっそあの人みたいに声をあげてしまおうか。不安を抱えながら、ちょっとずつ前に進み、ようやく自分たちの番になる。入国の目的や滞在予定日数などの簡単な質問をされる。何もやましいことはしていないが、違うルートでアメリカに入国する特別感からかちょっとした質問を答えるにもドキドキする。クレジットカードで6ドルを支払うと、パスポートに3ヵ月有効の陸路用のVISA証明となる白い紙をホチキスでガシャンと留められた。これでひとまずアメリカ入国の権利を得ることはできた。でもやっぱり時間はギリギリ。ナビーンの爆走がはじまる。車内は運転に集中させたいと、静寂につつまれている。ブランチしようと楽しみにしていたあの頃のワクワクした気持ちは三人誰にもない。しばらくして空港に到着したものの、ギリギリ過ぎて間に合うかまだわからない。送ってきてくれたお礼を言う私たちにナビーンが叫ぶ。

「そんなのいいから。急いで、走って！」

全速力で空港の中を駆け抜ける。必死にチェックインカウンターを探し、はやる気持ちで予約画面を見せる。目の前でグランドスタッフのお姉さんがパソコンを叩く音が耳の中で大きく響く。結局、荷物預けだけ間に合わず特大スーツケースをそのまま機内に持ち込むことでチェックインをすることができた。ゴロゴロと荷物を押しながら飛行機に乗り込むと、既にシートベルトを締めおえた乗客たちの視線が痛い。どうやら我々が一番最後の搭乗客だったらしい。凝視される中、通路を急ぎ足で歩く。いそいそと座席に座ると、静まりかえった機内に空腹を知らせるお腹の音が響きわたった。

下手な鉄砲も数打てば当たる

「はーい」

「どこから来たの？」

「彼氏はいるの？」

「アラスカではどう過ごすの？」

「僕一人で旅しているんだよねー、良ければ一緒に過ごさない？」

うたた寝から起きたばかりの私の耳にそんな会話が聞こえてくる。どうやら誰かが機内でナンパしているらしい。私にもわかる英語で相手に質問を投げかけている。

「あぁ……」

「んー……」

相手のリアクションを聞く限り、どうやらナンパはうまくはいっていない模様。はて、どんな人がナンパしているのだろう。気になる。身体をおこしそっと声のする方を見ると、そこには長髪の若者が座っていた。ちょっと古風な感じのキャップを被っており、ここからだとよく顔は見えない。そして、その若者の隣に座っていたのは……うちの妹だった。どうやら私が寝ている間に隣の若者はうちの妹をナンパしていたようだ。これは面白いとたぬき寝入りをし、耳を傾ける。

妹は明らかに不機嫌そうではあるが一応若者の質問には返答をしている。だが、彼のお喋りは1分経っても、2分経っても、5分経っても止まらない。さらに数十分経っても質問攻撃のラッシュは続く。まだまだ加速しそうな勢いを見せている。さすがに妹も応対し続けるのに疲れてしまったのか返事の声も聞こえなくなる。だが、周りが見えていないのか、成果を残そうと心に決めているのか彼のパワーは衰えない。攻防戦なら面白いが、もはやこの試合はあまりにも一方通行すぎてつまらない。私が助けなくても、妹は一人で対処するだろうと再び眠りにつく。しばらくすると機内のアナウンスで目覚める。どうやら着陸態勢が整ったらしい、すると、

「彼氏はいるの?」

「アラスカではどう過ごすの?」

「僕一人なんだよー、良ければ一緒に過ごさない?」

一体、何時間ナンパし続けているんだろう。さすがに助けに入るかと身体をおこす。だが、妹を見ると爆睡している。なんと、先程の若者はターゲットを移し前の席に一人で座っていた女の子に話しかけているではないか。どおりでまったく同じセリフが聞こえてくると思った。誰でもよかったのかもしれないが、狭い機内であっちからこっちとよくやるなぁ。そのまま聞き耳を立てていると、どうやら話しかけられている女性はまんざらでもなさそうな雰囲気。妹とは大違い

で楽しそうに彼の質問にリアクションしている。そんな彼女の反応をみていけると思ったのかナンパ師はシートベルト着用のサインがもう出ているのに、席を女性の隣にわざわざ移動し、マシンガントークを加速させている。捨てる神あれば、拾う神あり。人の好みは十人十色。アラスカに到着すると、ナンパ師と一人旅ガールはそのまま二人消えていった。

北の国から2019

アンカレッジどころかアラスカの情報が何もない。周りで行ったという人も聞かないし、テレビの旅番組で取り上げられているのも見たことがない。昔、日本から欧州線を利用する時はアンカレッジ経由が主流だったそうだが、今は日本からアンカレッジまでは定期直行便すらない。そんなわけで、アラスカの知識がほぼないままこの地に降り立った。

聞き馴染みがないなりにこの地について考察する。やっぱり一番に思いつくのは、オーロラのイメージだ。何も考えていなかった私はアラスカに行けばどこでもオーロラが見られると思っていたのだが、ここは日本の国土の4倍もある地だ。よくよく考えればそんなことはない。オーロラが見られるのはフェアバンクスという町で、アラスカ国内で二番目に大きな町なのだそう。では一番大きな町はどこかというと、今まさに我々がたどり着いた「アンカレッジ」である。全人口の約半分がこの地に住んでいるらしい。だが、この地の歴史は浅く、今から100年程前には村すら存在していなかったという。アラスカの先住民は今でも全人口の15%もいるが、彼らが住んでいるのはここから30マイルも離れた地。歴史があるように見せかけて、意外とアンカレッジは新しい街なのだ。確かに、通り過ぎていく街並みは道路も舗装もされており、古い建物はまったく見かけない。空港から乗ったタクシーの運転手のおばちゃんが、車をずいずい街へ走らせながらアンカレッジの歴史や文化の話をひたすら話してくれるお陰で大分詳しくなった。なんでも運転手さんのひいひいおばあちゃんが日本人だったらしく、我々に縁を感じたのだとか。

「やーはーへーーーーーぇにへーーーー

はーじゃしーーーーーぇーーーーしぇーーーーーはーーーーー」

ハンドルを握りしめたおばちゃんがいきなり大声で歌いはじめた。

なんの説明もなく、ひたすら歌う。歌いはじめて2分ほど経ったかという頃、

「アラスカ先住民はね、みんなおもてなしの精神が強いの。来客があるとこうして歌ってお客様のため盛り上げるのよ」

そう言うと、バックミラー越しで目を丸くしている我々のことを見ながら「驚かせてごめんね」と満面の笑みを浮かべた。そして、また歌い出す。

「やーはーへーーーーーぇにへーーーー
はーじゃしーーーーえーーーーしぇーーーーはーーーー」
2回聞いてもさっぱり意味はわからない。英語ではないのかもしれない。だが、意味はわからずともハスキーボイスの温かい歌声は聞いているだけで穏やかな気分になる。今まで聞いたことがない曲のはずなのに、聞けば聞くほど懐かしい気分になっていく。この「おもてなし」は個人同士の関係だけではなく、村同士の交流でも同じように大事にしている心得なのだという。村同士の交流の場合は、まず村人全員が正装し、相手に武器を持っていないことを証明し、その上で歓迎のダンスと歌を披露する。「ここまですればもう皆仲良しよ」と、おばちゃんは言う。確かに、そこまでしてもらえたら少なくとも相手のことを敵だとは思わないだろう。世の中の色んな所でこんな風に交流をしていけば争いも起きなくなるかもしれない。そんな精神が根底にあるから、おばちゃんは我々にも親切にしてくれたわけである。
アラスカ旅、いい旅になりそうである。

トンネルの先の不思議な一つ屋根の下の街

世界中で氷河を見られるところは限られている。その中でもアラスカは最も多くの氷河があると言われ、アンカレッジから日帰りで行ける範囲にも氷河があるという。そこはアンカレッジからいくつも山を越えた先にあり、クルーズ船に乗って氷河を見るのだとか。日帰りで行けるなら行くしかない。しかもその氷河クルーズは5月以降から秋になるまでの期間がベストシーズンだという。つまり今だ。なんて私たちはタイミングがいいのだろう。我々は早速街を飛び出し、山へと向かった。

クルーズ船が出ているのはウィッティア港という場所。移動手段はいくつかあるが、今回我々はバスでいく。だが、バスで行くにしろ、目的地までのすべての山を普通に越えるのはかなり大変だ。そのためにあるのが山岳トンネル。山をくりぬくようにして作られたこのトンネルを通れば、時間を大幅に短縮できる。しばらく山道を走り続けたバスはトンネルの入り口付近にある大きな駐車場で一旦停止した。あれ？　車窓から見える景色がなんだかおかしい。隣に停車している車体が随分細長いのだ。外国の車だからだろうかと、身を乗り出すようにしてよくよく調べると、なんとそれは鉄道だった。

今から通るトンネルは、鉄道と自動車の共同トンネルなんだそう。だが、それにしてはトンネルの入り口が狭い。これでは、電車は通り抜けられない。すると、鉄道が先にトンネル内に入っていった。やっぱりどう見ても車が入る隙間はない。どうやらトンネル内は一車線しかなく、しかも一方通行なのだという。地面に電車のレールが埋め込まれていて電車も車も両方が走れるようになっている。そのため、先に電車が通り、その後ようやく車が通行可能になる。青信号の間はこっち側からの車、赤は反対側の車の時間帯だ。青信号を一度逃すと約1時間は待たないといけない。車だと15分程あれば通り抜けられるトンネルなのに、ちょっとトイレに行っててタイミングを逃したなんてことは言っていられない。

トンネルを抜けると、空の色が違う。気のせいか山の雰囲気も少し変わった気がする。まさに別世界。そんだけ長いトンネルを抜けてきたということなのかもしれない。目の前には大きな湖と小さな港が広がっている。ここが氷河クルーズするための船が停泊しているウィッティアという港町。街自体が小さく、住宅街すらない。さらにバーはあるが、それ以外の娯楽はまったくない。代わりにあるのは山奥に似つかわしくない高層のビル。15階以上の高さがありそうである。「ベギーチタワーズ」というらしい。これは第二次世界大戦の時にアメリカ陸軍が建設したもので、敵に見つかりづらい秘密軍事基地という目的で作られたのだそう。先ほどのトンネルもそのための物資輸送用のトンネルだったという。

広い敷地で囲まれているが、冬になるとものすごい強風と積雪で移動がまったくできず孤立してしまうため、今では200人ほどの町民のほとんどがこのビルに住んでいるのだという。スーパーシェアハウスである。しかも、このビルには郵便局や教会をはじめとする公共施設もすべて入っているのだという。もうノアの箱舟だ。

港町なのに山の中。島ではないのに、孤島のよう。ここは不思議な街である。

いざ、クルーズの旅

チケットを見せ、クルーズ船に乗り込んでいく。船内には備え付けのテーブルとイスがずらっと並んでいる。さらに、ちょっとしたお土産を売る物販店やドリンクコーナーまである。コーヒーと紅茶は飲み放題らしい。至れり尽くせり。席は決められていて、1テーブルにつきだいたい4人掛け。通常は相席で利用するのだが、たまたますいている便だったため我々二人で一つのテーブルを占領できた。全乗客が席に着くと、船は出発。すると、私たちの後ろの席が急にガヤガヤとしはじめた。何故か幼稚園から小学生くらいの子どもたちが集められている。どうやらこれからクルーズ船のスタッフによるちびっこ教室が開かれるらしい。だが、集まった子供たちは隣にいる子と話したり、誰も話を聞く様子はない。

これは外れ回だ。スタッフのお兄さんは苦労するに違いない。そう思いながらそのまま見ていると、スタッフはバラバラに過ごす子供たちに向かって、「みんな聞いてくれ。今日の君たちは一日ジュニアレンジャーだ！」と言った。すると、子どもたちは一気に静かになった。そして、全員目を輝かせながらスタッフの前に集まり、一気に話を聞く姿勢になった。どうやらジュニアレンジャーという響きが気に入ったらしい。言葉のマジックだ。スタッフは静かになった子供たちにレンジャーの証明であるバッチを手渡した。もらったバッチを早速胸につけたジュニアレンジャーたちは誇らしげな顔を浮かべている。

「バッチもつけたし。皆もう立派なジュニアレンジャーになったね」

「はい！」

「良い子のみんな、これからレンジャーの宣誓をしよう。僕の発言を繰り返してね」

「僕たちは船で楽しく安全に過ごすことを誓います」

「ボクたちは船で楽しく安全に過ごすことを誓います」

「僕たちはキャプテンのお手伝いをします」

「ボクたちはキャプテンのお手伝いをします」

子供たちとスタッフの掛け合いを微笑ましく見ていると、船内にアナウンスが流れた。

「みなさん、左側をご覧ください。珍しい鳥がいます。皆さんを歓迎してくれていますよ」

だが我々は鳥に興味はない。周りの乗客たちが見ている様子を遠目で眺める。

しばらくすると、また船内にアナウンスが流れた。

「お、今度はあそこには1頭シーライオンがいます。寝ていますね」

「かわいいですね、もうまもなく近づきますからね。シャッターチャンスですよー」

シーライオンとはアザラシのことである。鳥には興味を抱かなかったが、アザラシなら見たい。皆が一斉に写真を撮るため窓側へと駆けていく。のんびりしていた我々はすっかり出遅れてしまった。ただでさえ身体が大きい外国人たちを前に、視線をこらしてアザラシの姿を探す。すると、1頭のアザラシが大人が三人ほど立てるくらいの小島の上でぐーすか寝ているではないか。

すると再び、船内アナウンスが続く。

「実は先ほどのシーライオン……。数日前に亡くなっていた亡骸だったみたいです」

オーマイガー。賑やかだった船内が一気に静寂になる。こんなに悲しいお知らせをされる心の準備なんて誰もできていない。数分後には、元気に泳ぐ別のシーライオンの姿を見れたが、どうしてもあの小島の上で亡くなっていた1頭を思い出してしまう。その後、船のスタッフが軽食として配ったクラムチャウダーのカップから立ち上る海の幸の優しい匂いをかいでいると、ぬぐいきれない虚しさがゆったりとほぐされ、少しだけ気持ちが救われた気がした。

甘い囁きには毒がある

船内は大きな窓ガラスで360度囲まれている。そのため、あったかい船内に座ったままで外の景色を眺めることができる。ガラス1枚あったからといって景色が変わるわけでもない。だが、せっかくならば肉眼で景色を見たい。そう思い、甲板に出ると、一気に凍てついた空気が頬を覆う。氷河がある場所はまだ先だが、キレイに澄み切った独特の空気感もあいまって思わず身が引き締まる。美しい景色をしばらく見ていたがやはり寒さに耐えられなくなり、船内に戻ると、「氷河の氷を使ったウィスキーはいかが？」とスタッフから声をかけられる。だが、氷なんて今は聞きたくない。季節は夏に差し掛かろうとしているのに寒くて仕方がない。クラムチャウダーを食べてあったかくなっていたのは30分ほど前の出来事のはずなのに、もう遠い昔のようである。コーヒーを飲みながら、身体をあたためていると、

「じゃーん。ホームメイドクッキーのサービスです」

と、スタッフが船内の人にクッキーを配りはじめた。

「わーーーい！」

何歳になっても、人からお菓子をもらうのは嬉しい。手を叩きながら喜び、もらったクッキーを大切に口へと運ぶ。ほんのりとした甘みが冷えた身体に力をあたえ元気になる。あぁ、幸せだ。

すると、そんな私たちの様子を見ていたイケメン乗組員がさっと私たちのテーブルにやって来て、「内緒だよ」と言いながらさらにクッキーを差し出してくれた。彼はいたずらっ子のような目つきでこっちを見て微笑んでいる。あまりにも素敵なその笑顔に、「どうして、私に……。内緒ってなに。もしや、特別な存在ってこと……」と頭の中がパニックになる。だがそんな心の内をまったく知る由もないイケメン乗組員はさらに言葉を続ける。

「ラッコは貝を見つけると喜ぶんだ。誰かにリアクション似ていると思わない？」

「⁇」

「そう、君らのリアクションに似ていると思ったんだよ」

「え……」

「ここでの船旅を楽しんでね。じゃあね」

そして、向けられた満面の笑み。爽やか。ラッコを言い訳にしているが、私の喜ぶ顔が見たいという遠回しなアピールの一種だったのではないだろうか。きっと、そうに違いない。そんな都合のよい解釈にふけ、そのままイケメン乗組員のことを見ていると、違うテーブルにもさっと寄り何かを話している。なんと彼は我々以外にもおかわりのクッキーを渡していたのだ。でも、やっぱり乗客全員に渡しているのではなさそうだ。人を選んでいる。そのまま観察し続けていると、彼が渡す相手には「ある特徴」があることが発覚した。彼からクッキーをもらっている子の胸には光るバッチ。あれは、たしか……。そうジュニアレンジャー。どうやら、私たちは子どもだと間違われたらしい。「二人ともアラサーです」とはとてもじゃないけれど彼に絶対言えない。何歳になったってクッキーを貰うのは嬉しい。だが、不思議とおかわりでもらったこのクッキーは少し甘じょっぱい。

優雅な氷河クルーズ

数十分もの間、船は停泊する。

どどどどどどど

氷河が崩れていく音である。そして、氷はまっすぐに水面へと飲み込まれていく。その崩れゆく氷河の姿が美しいことこと上ない。何千年もの月日をかけて積み上がっていたものが一瞬にして崩れていく。もしかしたら、それを美しいと表現するのは違うのかもしれない。一度崩れてしまえば、もう二度と元に戻ることはない。だが、何かの圧がかけられて崩れるのではなく、自然の摂理で崩れていく様子はただただ美しかった。

デッキの上は寒さが身にしみる。でも、寒さなんて関係ない。それほどまでに氷河は我々の目を奪う。ガラス越しではなく、寒さに耐えてでも直接見たいと感じさせる何かがあった。

船は氷河が見える場所に数分間停まり、船内のどこにいても見えるようにゆっくり旋回する。その間にも氷は何度も水の中に飲み込まれていき、自然が奏でる不思議な音が辺りに響き渡る。音だけでなく、それは不思議な色もしていた。白とも青とも言えない色なのだ。氷河が青白く見えるのは、雪に含まれていた空気が、長い年月をかけて押しつぶされたことで圧縮されて透明度が高まり、そこに光が乱反射することでそんな色に見えるらしい。

年々小さくなっていくというアラスカの氷河。昔はもっと近くから見ることができたのだとか。だが、今はフェリーで長い時間かけないとここには来られない。アラスカの人は地球温暖化をそういった氷河との付き合い方から感じる一方で、オイルに頼って生活しているところもあるため、色々バランスが難しいと考えているらしい。

世界には、他にも数年後には見られなくなるかもと言われている観光地がある。グレートバリアリーフのサンゴ礁や軍艦島などがそうだ。人は、いざ何かをしようと思ったタイミングでちょうどよく願いが叶うわけではない。金銭面。健康状態。国際情勢。仕事。精神状態。色んな要因が重なって初めて叶う。これがもっとこうなったらこれをしようと目標にするのもいいが、いつかではなく今やるというスピード力も時には重要なのかもしれない。

次来る時はどのくらいの距離からあの氷河を見られるだろうか。この景色が完全に失われる前に、またこの美しい景色を見に来よう。そう心に決めたのだった。

野生動物保護センター

アンカレッジの市内から車で30分の「アラスカ野生動物保護センター」にやってきた。アラスカの国土が広すぎるせいなのかもしれないが、アンカレッジから日帰りで行ける範囲に観光名所は少ない。正直この保護センターもあんまり期待せずに来た。動物園と変わらないだろうと。だが、入園してわずか数分後。そこにいたのは、来場している子どもたち以上にきゃーきゃーと楽しむ我々だった。ここは野生動物の研究に特化しており、オオカミやキツネをはじめ、けがをしたり親を亡くした野生動物たちが保護されている。保護されていると聞くと手厚い感じの印象があるが、どちらかと言うとここの動物たちは自然に近い環境でのびのびと過ごしている感じがある。

歩を進めると、金網から首だけ出したバンビが子供たちと戯れている。絵葉書の世界。遠くに見える山々は既に白化粧。青々とした柔らかな草木をそっと風がなでていく。アンカレッジの夏は6~8月の3ヵ月だけ。夏でも20度くらいの気温にしかならない。園内は広いが、本当に歩いていて気持ちいい。

次はメイン展示のクマたちを見にいく。このクマのエリアはアメリカでも最大の規模で、日本のちょっとした公園の2、3個分はある。クマは怖いイメージがあるが、クマが攻撃するのは、自分が攻撃されていると感じた時なのだという。そのため、こちらが何かアクションを起こさなければ危害が及ぶことは少ないというがそれでも怖い。緊張感を抱きながらクマを探していると、クマたちは小川のせせらぎが美しい囲いの中にいた。私の倍以上の大きさだ。アラスカには大きくわけて3種類のクマがいるらしい。簡単にわけるとブラック、ブラウン、ホワイトの3種類。全体的に頭数は減ってきているが、その中でもホワイトベアの数が最近減少してきていて、あと80年程すると絶滅してしまうとも言われている。氷がなくなって、溺れ死んでしまうケースも多いのだとか。

今、目の前にいるのはブラックベア。人間の視線など気にも留めずじゃれ合って遊んでいる。自由に歩き回る彼らを前に、彼らの住処を奪っている要因の一つに自分の生活がなっているかもしれないと思うと心が痛む。この世の中は人間が偉いわけでもないし、クマが偉いわけでもない。動植物と人間社会との共存は難しい。実際目の前で見たり、詳しい話を聞かないと、親身になれないという他人事な姿勢の自分も変えなければいけない。

すべてを照らす白

我々にはその行動をとったらこの先どんな結果が訪れるか頭でわかっていても、それでもその行動をとってしまうことがある。会食でこれ以上飲んだら酔うことがわかっていても、楽しすぎてさらに飲んで、冷静な判断がつかなくなり終電を逃してしまったり、夜中に食べたら太るとわかっていてもお風呂上りにアイスを食べてしまったり、取引先と少し意見が違うと感じても、その場のノリで意見を合わせてしまって痛い目をみるなどの経験は誰にでもあるのではないだろうか。対人関係や人生を円満に過ごすには、時には自分の思いを受け流す技術も重要である。

ウィキペディアによると、白夜とは真夜中になっても薄明になっているか、または太陽が沈まない現象のことだとある。日本でも夏は日がおちるのが遅いが、アラスカの白夜はそれどころではない。ほぼ一日中明るいのだ。適応能力が高い私は色んな国に旅行しても、時差や天候の変化によって体調を崩した経験はほぼない。その上、どこでも寝られる。元々体質的に旅向きの身体なのだろう。

だが、アラスカに来てから数日。そんな私でも昼夜問わず外が明るいことにびっくりしていた。バンクーバーも夜遅くても明るかったが、ここの夜の明るさはそのレベルを凌駕している。日本だと空を見ればだいたい時間がわかるが、ここでは空を見てもまったく時間がつかめない。だが不思議と毎日夜になると眠くなる。今日ももう寝る時間だ。ベッドに入り妹におやすみの挨拶をしようと横を向くと、妹は何とも言えない悩ましい顔をしていた。重大な事件に巻き込まれたかのような顔だ。そして、低い声で「このままじゃ私はダメだ……」とつぶやいた。よっぽどのことがあったのだろう。もしやナビーンと喧嘩したのだろうか。それとも会社から急な呼び出しでもかかったのだろうか。心配になりベッドから身体を起こし、すぐに妹に「何があったの？」と尋ねる。すると、「明るすぎるのよ！」と大声を出した。

「えぇ……。それだけ？」

「それだけって何よ、こっちに来てから毎日寝られなくて困っているのに」

あんなに深刻そうな顔をしていた理由がこんなもので拍子抜けしてしまう。

「え、寝れていなかったの？」

「そ、毎日。こっちに来てからずっとよ」

妹はプリプリしながらそう言うが、私は妹がそんな状態だったなんてまったく気付かないばかりか、思いもよらなかったのだ。

「で、……でも。バンクーバーより少し明るいくらいじゃん」

「全然違う」

「私……昨日も一昨日も普通に寝られたよ」

「知ってる。横でぐーすかぐーすかしていたし」

「ぐーすかなんてしていない。てか、そんな明るくて寝れなくなる方だったっけ？」

その無神経な発言が火種になってしまったらしい。妹は爆発した。

「私はゆーみと違って繊細だから違うの！」

私と違って繊細……。私が鈍感……。んー。分厚いカーテンの隙間から差しこむ光が昨日までのものよりなんだか明るい気がして、静かに閉じたのであった。

いざ、白夜マラソン

実は、私は海外マラソンにしか出たことがない。こういうとベテランランナーのようだが、大会に出るのはこれが人生2回目である。国内で出ないと決めているわけではなく、走りはじめてからたまたま出場したのが2回とも海外マラソンだっただけである。だが、海外の大会にしか出たことがないというのはかっこいい。大会の出場数だって言わなければ周りにバレることはない。そんなわけで、カナダに旅立つ前にも友人や知り合いに「次はどこに行くの？」と聞かれるたびに、私はベテランランナーのような顔で「次はアラスカでマラソン大会に出るんだ」と言いふらしていた。

人生で初めてマラソン大会に出場したのはマルタ共和国だった。この時出場したマルタマラソンは出場申請の窓口が日本のマルタ観光局だったため、ありとあらゆる手続きを日本語で受けることができた。他を知らないが、マルタ観光局は大会前日にも日本人専用のデスクまで設けて丁寧に相談にのってくれた。もしかしたら、ここまでしてくれる海外のマラソン大会は少ないのかもしれない。そして、そのおかげで無事完走できたこともあり、私は海外マラソンに出場することへの不安や恐怖を抱かずに今日まで至っていた。

だが、今回のマラソンはそうはいかない。専用の受付デスクもなければ、出場申請のインターネット手続きもすべて英語だ。そのため、手続きが無事にできているか不安で仕方がない。明日に本番を控え、ゼッケンを受け取りに体育館に行く。不安な気持ちを抱えながらカウンターで自分の名前を告げると、ゼッケンとパンフレットを渡される。ようやく一安心。渡されたゼッケンには中にICチップが入っている。これで自動的にタイムが算出され、順位が出るというわけだ。約1年ぶりの大会。過去の大会の映像コーナーやスポンサー企業のブースを見ていると観光気分がぬけ、一気にランナーモードへと気分が切り替わる。アジア人の出場者は少ないのか妙に我々は目立っていて、関連グッズの販売コーナーをウロウロしているだけで地元の出場者たちがどん

ど ん声をかけてくる。「日本人かい？」「僕は日本で数年前まで働いていたんだよ」「日本ダイスキー、明日はがんばろうぜ！」なんだか声をかけられて嬉しくなり、色々と聞いてみる。

「何キロの部門に出るの？」

「俺はフル」

「私はハーフ」

「私は5キロ」

「……へぇー」

つたない英語でしか会話ができないが、同じゴールを目指すという目的が一緒だからか仲間意識を感じて楽しい。明日のお互いの健闘を祈り合って別れると、横にいる妹は珍しくもじもじとしている。

「なに、もじもじして。どうしたの？」

「さっき私が5キロに出るって答えたら、あの人たちバカにした顔をした」

語学力がない私にとって、ほんの数秒の沈黙は聞き取るのに必死で何も気にならないが、妹からするとその数秒間のやり取りが敏感に伝わるらしい。気のせいだよと言うが、初めての大会出場では周りのランナーの反応が気になる気持ちもわかる。

ランニングは己との闘いのスポーツである。だから、他人の走る距離やタイムなんて気にする必要がない。ましてや、バカにする人のことなど気にする必要がない。慰めるつもりで熱くランニング論を唱えるが妹には何も響かず、「やっぱり出るんじゃなかった……」としょんぼりし続けている。それでも明日のマラソン大会はやってくる。バカにされたと元気がない妹がどうか明日は無事楽しめますように。

姉妹戦隊ピンク×ブルー

一つ　人のため　世のため
二つ　どんな時も笑顔で生きていく
三つ　健康的に毎日生きていこう
我が動けば花も舞う、情熱ピンク。風と共に踊る、冷静のブルー。
「二人合わせてシスター戦隊」
「どこまでも駆け抜ける。まだ見ぬ敵よ、待っていなさい」
晴天、適度な風。絶好のランニング日和。ランニングウェアに着替え終わると、そこには全身ブルーとピンクの二人組が誕生していた。こ

れじゃ、まるで戦隊ヒーロー。だが、足も短ければ、腕も短い。残念ながらこの二人では世界の平和は守れないだろう。

「私、走るのはナビーンに止められているのよね」

バリバリ走れそうな感じに着替えたものの、テンションはまったく上がっていない妹は鏡の前でそんなことを言っている。どうやら、ポニーテールにするのか、ハーフアップにするのか髪型をどうするのかだけが彼女の目下の悩みらしい。こんなんで大丈夫だろうか。ようやく髪型を決めた妹を連れ出して会場に向かうと早くも多くの人が集まっている。白夜マラソンが行われる会場は市内中心部にあるディレイニーパークという公園。いつもは朝ヨガや犬の散歩をしている人が多いこの公園も今日は大会仕様。応援だけしに来た人も多い。

フルマラソンに出場する人たちはもう既に出発していて、次は私が出場するハーフの部。妹が出場する5キロの部はさらにその後にスタートだ。スタート前のこの独特の空気は2回目でも全然慣れなくてそわそわしているのに、初出場の妹はどっしりしていて妹の方がベテランランナーっぽい。ギリギリまで近くにいてもらう。

司会者がカウントダウンをしはじめると、ようやく気持ちに火がつく。一斉にスタート。沿道の子供が手作りの応援旗を必死に振りながら応援する姿や、有志のマーチングバンドの演奏している光景が瞬く間に流れて後方へと消え去っていく。周りのテンションの高さに引きずられ、びっくりするほど軽く足は前へ前へとずんずん進む。

マラソンコース上には約3キロごとに給水所が設置されている。寄る義務はない。自由だ。だが、前を走っている人が寄っているのを見ると、ついつい自分もつられて寄ってしまってそんなことを繰り返しているうちに結局すべての給水所に寄ってしまった。走っているはずなのにすっかりお腹はタプタプ。そのうち汗となって消えることを願うばかりだ。しかも、周りにあわせて前半に飛ばしすぎた影響が中盤になってちょこちょこ出てきた。一気に疲れが出てきたのだ。まだまだゴールは先だ。周りには私の祖父母くらいの年齢層の人たちもギブアップすることなく走っているのに、ここで諦めるわけにはいかない。どうにか気力で走り続ける。すると、突如左手に見覚えのある景色が広がった。アンカレッジで見たことのある景色なんてホテルの周辺か観光地かのどちらかなのだが、目の前に広がる光景はそのどちらでもない。大きな音が響き渡り、強めの風が吹く。そう、ここは空港だ。いつの間にか私はこんなところまできていたらしい。爆音で飛びたつ飛行機を横目に、ここから街に戻るのか。走りながら思わず白目になる。初日にタクシーの中で披露してくれたおばちゃんの歌が頭にふとよぎる。

「やーはーへーーーーーぇにへーーーー

はーじゃしーーーーーえーーーーーしえーーーーーはーーーーー」

歓迎の歌と言っていたが、あのおばちゃんがもしここにいたら、応援の意味も込めてまた大声で歌ってくれるに違いない。はぁ、疲れても戻る手段は自分の足しかない。頑張ろう。

完走後の感想は人それぞれ

さっきまで空港の近くを走っていたのに、今は完全に森の中。人一人しか走るのがやっとという木々の間を必死に駆け抜けていく、辺りには観客もスタッフもいない。傾斜が激しい道は気を抜くと、足をもっていかれそうになる。靴がどろどろになりながらもなんとか暗い森を抜けると明るい光が頭を照らす。レースは終盤。最後のひと踏ん張り。どこからか人の声が聞こえる。車の音もする。街が近い。ゴールはきっと近いはずだ。

前回のマルタマラソンでは一つ反省点があった。それは写真写りである。マラソン大会の中には、走っている最中の写真を撮ってくれるサービスがついているケースもある。マルタマラソンでも撮ってもらったのだが、私の写真のひどさったらなかった。疲れていて笑顔ゼロ。だから今回こそは笑顔でゴールすると決めていた。だが、そう決めていたはずなのに、もう気力がない。もはや走っているというより競歩だ。最後の力を振り絞って少しずつ進む。

あと数メートル。5メートル、3メートル、1メートル……。

「ジャパーン！　ユーミーコヤァァアマ」

テープをきると同時に私の名前がアナウンスされた。ようやく終わった。ゴールした瞬間の顔は作り笑顔そのものだったが、それでも前回よりはマシだろう。結果は1時間58分（キロ5分36秒ペース）。妹がカメラ片手に出迎えてくれる。

「ゆーみは一番でゴールすると思ってずっと待っていたのに」

疲れ切った私に妹がかけたのは労いの言葉ではなかった。ひどい。どうやらハーフの部で一番にゴールした人は女性だったという。その時ゴール付近から離れた場所にいた妹は、女性が一番にゴールしたというアナウンスを聞いて「ゆーみに違いない」と思い、急いでゴール場所に駆けつけると皆に祝福されていたのは別の女性。しかも、その後しばらく待っても私は全然ゴールしない。それでかなりがっかりさせてしまっていたらしい。

「なんか、ごめん……」

とりあえず形だけ謝ってみるものの、私は満足していた。今回も走りきることができたのだ。順位は出場女性688人の中では68位。悔しいがもうゴールできたからなんでもいい。妹も完走できたという。嫌がっていた割に不機嫌な様子はなく、これは妹もランニングの魅力にハマったに違いない。これからは姉妹で色んな大会に出よう。そんな思いを抱きニヤリとしながら「ねぇねぇ、ランニング楽しいでしょ」と妹に尋ねてみると、「まぁまぁね」と答えた。

「今度は別の大会に出ようよ。ラスベガスとかでもやっているって。ヨーロッパでもいいし」

「いや、もう走らない」

「楽しくなかったの？」

「楽しかったよ。でも私は応援だけでいいやって改めて思った」

自分が面白いものが、誰しもが面白いと感じるとは限らない。自分が継続するものが人も継続するとは限らない。仕方ない。人それぞれ。みんな違ってみんないい。

アンカレッジはスイカの名産地？

ゴールしてしばらくは高揚感もあってか疲れをまったく感じていなかったのだが、数分経つと一気に疲労感が押し寄せてきた。ぐったりと芝生に座っていると、妹がどこかへ走り去っていく。特にそれを気に止めることもなく座りこんだまま青い空を眺めていると、しばらくして妹が戻ってきた。その両手にはなぜかスイカ。どこから持って来たのだろう。「んっ」と私に渡してきた。色んな疑問がわくが一旦置いておいて、差し出されたスイカにがぶりつく。水分と糖分が一気に全身に染み込んでいく。そのまま頬張り続け、あっという間に完食。

「で、このスイカどうしたの？」

食べ終わった後に聞くのも野暮ではあるが、妹に尋ねてみる。

すると、少し歩いたところに屋台がたくさん出ていて、その中の一つでスイカを出しているのだという。しかも、このスイカは無料らしい。言われた場所に行ってみると、確かにスイカの屋台が出ていて異様な賑わいを見せている。ずっと近くに立ちおかわりしまくっている人もいる。私も二つ目をもらい他の屋台も見に行くと、ビアガーデンの屋台が出ている。入り口ではスタッフが年齢確認をしている。今、お酒を飲んだらきっと最高だろう。だが、IDを持っていない。入り口付近をウロウロしてみるが「ちょっと寄っていくかい？」なんて声をかけられることはない。そりゃそうだ。私の顔はすっかり化粧がとれて、すっぴん同然。顔パスできるほどの大人の色気はない。仕方ない。時刻はまだ昼前。今日ははじまったばかり。一旦ホテルに戻って、レストランにビールを飲みにいくとしよう。

見方を変えて街を眺める

マラソンを終え、ホテルのシャワーで汗を洗い流すと気分も爽快。髪は乾いていないが、そんなことはお構いなし。石鹸の香りを漂わせながら外に出る。スイカはたらふく食べたが、まだお腹はすいている。何か食べに行こうと街歩きをしていると、どこもかしこも人、人、人。普段のアンカレッジの街は車社会なのかそんなに徒歩移動している人を見かけないのだが、今日はどうしたのだろう。賑やかな音楽まで聞こえてきてお祭り騒ぎである。どうやら本当にお祭りが開催されているらしい。そんな準備をしている様子なんてここ数日一切なかったのに、いつの間にか通りは歩行者天国となっており、車道にはステージが組まれバンド演奏まで行われている。あちこちに出ている出店はどこも行列をなしている。昨日まで散々街の隅から隅まで歩きつくしたはずなのに、違った街にいるようだ。

手作り感のある飾りつけが町内会のお祭りのようで親近感がわく。しばらく歩いていると、色鮮やかに絵が描かれた長方形のボックスを見つける。しかも街の至るところにある。青やピンクに彩られていたり、クマのイラストが描かれていたり、全部違った感じで描かれており、なんともアーティスティック。これもお祭りの飾りの一環だろうか。とてもかわいい。思わず写真を撮っていると妹がぽつり。

「気づいてて撮ってる？　それゴミ箱だよ」

なんとこれは公共のゴミ箱だったらしい。そして、妹がさらにぽつり。

「ゆーみさっきからそれ写真に撮りまくっているけど、ずっとそのゴミ箱普通にあったよ」

完全に見過ごしていた。今日初めて目に留まったのは、お祭りの雰囲気とこのゴミ箱が妙に合っていたからなのかもしれない。普段見逃しがちな街のゴミ箱だって見方や周囲の環境を変えれば、わざわざ足を止めるものになるということだ。これからはいつもの景色も違う角度から見てみよう。もしかしたらこのゴミ箱のような発見があるかもしれない。

街中のバッファローとトナカイ

フェスティバルで賑わう街中をウロウロしていると、「トナカイ」と書かれた看板を目にする。しばらく歩くとさらに「バッファロー」の文字まである。そう掲げられた看板のすぐ横からはもくもくと白い煙が立ち、辺りには焼けた肉のいい匂いがする。ホットドッグ屋だ。看板に書かれたトナカイやバッファローはそのホットドッグ屋のメニューの一つだったのだ。通常、ホットドッグは味の種類は色々あっても肉はだいたい1種類だろう。だが、ここではラム、チキン、ビーフと種類が豊富。そして、さらにバッファローやトナカイが当然のように並んでいる。トナカイをペットとして飼う習慣があるのに、ホットドッグの具として売られているのは不思議な感覚だが、水族館併設のレストランで魚料理が出るのと感覚は同じなのかもしれない。特に、脂肪が少ない食用のトナカイ肉は、アラスカではステーキやシチューなどの料理にも使われ重宝されているのだとか。

トナカイとバッファローのホットドッグを一つずつ注文。注文した肉が目の前で焼かれるのをじっと眺める。日差しが強い中、いかついサングラスをかけたおじちゃんたちはひと時たりとも休むことなく、ひたすら鉄板と睨めっこをし肉を焼いている。おじさんと鉄板プレートの相性って抜群だと思うのは私だけだろうか。絶対美味しいに決まっているのだ。

しばらくすると、「はいよ、お嬢ちゃん」と焼きたてのホットドッグを手渡される。日本に帰って誰かに「海外で変わったもの食べてきた、とんでもなかった」と言いたい気持ちと、純粋にこのホットドッグが美味しいといいなという願いが頭の中を交差している。ドキドキしながら、まずはトナカイを食す。いたって見た目は普通のホットドッグ。鼻を近づけるも、心配していた獣臭さはない。それでもなんとなく恐る恐る口に運ぶが、食べてもやっぱり癖はない。むしろ、あっさりした味だ。あったかいパンにトナカイの肉に強めにかけられた塩コショウがよく合って、あっという間に完食。その後食べたバッファローも美味しい。

だが、食べたら余計にお腹がすいてきた。朝から走ってきたのだ。これだけでは物足りない。

「他の屋台も見てみよう」

走った後にご褒美と言って、自分を甘やかすのはいつものこと。今日はいつも以上に走っている。距離の分だけ自分を甘やかしていい。そんな方程式を自分の中で勝手につくり、食べ歩きを重ね、あっという間に消費したはずのカロリーはオーバーしたのだった。

突撃、隣のペット訪問

アラスカと言えば、どんな動物をイメージするだろうか。

寒い一年の半分以上が雪で覆われている。そんな土地にぴったりな動物。分厚い毛を持ち、高い運動能力で寒さをもろともせず、人間と共存する動物。そう、トナカイである。

アラスカは日本の国土の4倍もありアメリカで人

口密度が最小の州である。そのため、ペットに対する考え方もビッグなのかトナカイをペットで選ぶ人もいるのだという。氷河クルーズをした港町のウィッティアでは一人2頭までトナカイをペットとして飼うことができるらしい。だが、それを今更聞いたとて、もう我々がいるのはアンカレッジ市内。実際に飼っている様子を見てみたいものの、飼育状況を見るためだけに再び山を越えるのは現実的ではない。残念に思っていると、なんと白夜マラソンの会場のディレイニーパークの近くの住宅街にもトナカイを飼っている家があるらしいという噂を聞きつけた。その場へ行ってみると、すぐに大きな檻と小屋が庭にある家を見つけた。恐る恐るその中を覗き見すると、そこには餌を食べているトナカイの姿。噂通りだ。

「本当に普通に庭で飼われているんだね」

「ね」

トナカイを驚かせないように妹とひそひそ声で話をする。だが、トナカイはこっちがカメラを向けようとも、こそこそと喋っていようと、人間慣れしているようで檻の反対側のことなんて気にも留めず悠々と餌を食べている。そんな様子を見続けていると、

「ガサガサ、ガサッ」

どこからか謎の音が聞こえる。目の前のトナカイからではない。もっと後ろの方からだ。

「ガサゴソガサゴソ！　ガサゴソガサゴソ！」

謎の音はどんどん大きくなっていく。怖がりながらも音が聞こえるほうに目を凝らすと、暗闇の中に何かいる。そのまま様子をうかがっていると、しばらくしてもじゃもじゃの大きな獣が姿を現す。そう、トナカイだ。なんとこの家は2頭飼いをしていたのだ。大の大人よりだいぶ大きいこの2頭をどう散歩しているのだろう。餌は何をどのくらい食べるのだろう。どんな人が飼っているのだろう。飼っている側の話が聞きたいと、家の方を見てみるが、家主が自宅にいる気配はない。

その後も気になって何度もこの家にトナカイを覗きに行ったのだが、実際に彼らが散歩している姿は見られず、飼い主の正体も探ることはできなかった。謎に包まれたまま。

もしかしたら……飼い主は本当にサンタクロースなのかもしれない。

第三章

アメリカ・カナダ周遊編
シアトル・バンクーバー

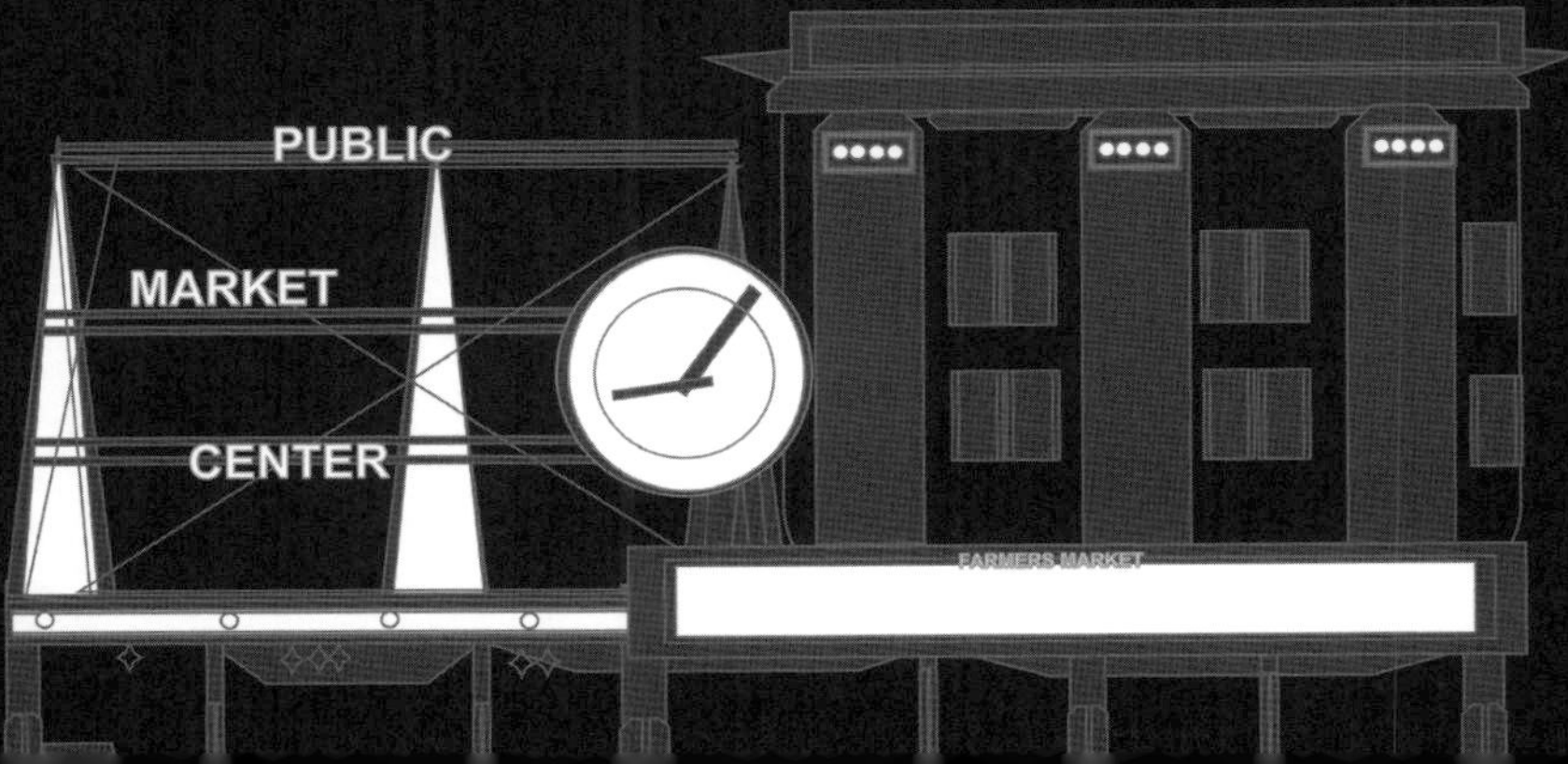

サーモンと共にシアトルへ

楽しく駆け抜けたアラスカ生活も終わり。アラスカからやってきたのはバンクーバー、……ではない。旅はまだ続く。向かうはシアトルである。アメリカ国内間の移動のため、手続きはスイスイと進みすべてが順調に進んでいた。搭乗開始のアナウンスが流れ、飛行機の中に入った瞬間、思いがけないことがおこった。機内がめちゃくちゃ寒いのだ。海外の航空会社の機内の空調は、たいがい異常な温度に設定されがちだ。だが、そんな前提をわかった上でも、この飛行機の気温は常軌を逸していた。

「これは冷凍サーモンを空輸しているせいだ」

妹が辛辣な一言。そんなわけあるかい。と、ツッコミたいところだが、依然としてひんやりした空気が身体を包み、冷凍庫の中に閉じ込められているような気分である。雪山で遭難した時に寝たら死ぬから起きていなきゃダメとよく言われるけれど、眠くなるのはそもそも低体温症の症状の一つで、脳が酸素不足で判断能力が鈍くなった状態を言うのだとか。もう何も考えることができない。この今乗っている飛行機はアラスカ航空だし、この寒さは妹が言う通りサーモンを空輸しているせいなのかもしれないと、妙に納得してしまう。結局、眠ることができずに数時間。シアトル空港に到着した。ここはアメリカで一番きれいな空港に選ばれているらしいのだが先程までの寒さがまだ身を包んでおり、周りを見渡す余裕はない。疲労困憊。せっかく着いたのに、全身に力が入らなくヨロヨロと歩く。これは低体温症の一つなのだろうか。それとも移動疲れ、いやただの寝不足だろうか。なんでもいいや。バスもあるけれど、今日のところはとりあえずタクシーでホテルに向かおう。

夕方前から飲むお酒が一番

ホテルについたがチェックイン時間はまだ先。まだ体力は戻ってきておらず、ヘロヘロである。なんでもいいからエネルギーを得たいと、荷物を預けてすぐにホテルを出る。

そういえば、お酒を飲めば身体が温まると聞いたことがある。そうだ、お酒を飲もう。通りがかったバーに入店する。まだ開店したばかりの時間でお客さんも少ない中、カウンター席に腰かけ、カクテルを注文。イケメンバーテンダー。オシャレな雰囲気。用意された素敵なお酒。最高の環境だ。夕暮れが近く、目の前の通りをスーツを着た人たちが足早に通り過ぎていく。世の中の人が働いている中、飲む。今日は何一つ生産的なことしていない。申し訳ない気持ちでいっぱいだ。でも、そんな時間帯のお酒ほど美味しかったりする。

シアトルの夜はまだ長い。飲み歩こう。

ネタになればなんでもオッケー……？

我々はなんでも「三大〇〇」と格付けしがちである。その一つに世界三大がっかりスポットというのがある。不名誉過ぎるカテゴライズを何故わざわざするのだろうか。ちなみに、シンガポールのマーライオン像、ベルギーの小便小僧、デンマークの人魚姫像がその三つに選ばれている。だが、その3つをいざ聞くと、不思議と行きたい気持ちが出てくるのが人間の性である。どんだけがっかりするのだろうかという点に期待をしてしまう。思っていたものと結果が違うということは、観光地のみならず人生でもよくあることだ。夏休みデビューを狙って髪型をイメチェンしてみたのに失敗したり、簡単なレシピと書かれていたのにお手本通りにならなかったり。でも、観光地にしろ、人生にしろ、どちらにも言えることは、がっかりするような出来事だって何事も一周まわればネタになるということだ。

今日訪れたのは「パイク・プレイス・マーケット」という市場。全米で最も歴史のあるマーケット。魚市場がメインだが、それ以外にも色んなジャンルのお店が出店している。魚屋、八百屋、花屋の並びに突然おもちゃ屋さんが現れる。しかも、そこに並んでいるのはいつの時代のものかわからない古いオモチャ。これはこれで味わい深い。市場を何かを買うわけでもなくフラフラと歩いていると、妹が「近くにSNS映えする場所があるから連れていってあげる」と言う。言われるがままついていくと、着いた先は薄暗いトンネルのような場所。謎のモンスターがぬっと影から現れそうなどよーんとした雰囲気が漂っている。妹はここがそのSNS映えする場所だと言うが私にはさっぱり意味がわからない。

「ここがなんなのよ」

「よく周りを見て」

妹が言うように、周りを改めて観察する。すると、トンネルの壁いっぱいに親指サイズのぶちぶちとした謎の物体がくっついている。そして、それらの物体は赤や黄色やら緑をしていてカラフルだ。これは一体何だろう。

「ここはガムウォールって言うんだよ」

「ひぃえーーーーーーーー」

思わず、叫んでしまった。詳細を聞かずとも、私はすべてを理解したのだ。ここはその言葉のまんま、壁いっぱいにガムが貼られているのだと。何故、口にいれたガムを紙に捨てないで壁につけるのだろう。理解ができない。今この瞬間、四方八方をそんなモノがついた壁に囲まれていると思うと、鳥肌が止まらない。だが、周りの観光客たちはキャッキャキャッと楽し気に写真を撮っている。SNS映えする人気スポットというのは嘘ではないようだ。一体、何個分のガムが消費

T-MOBILE PARK
LEFT FIELD GATE

TO GO FOR
48 HOURS
WE PACK
SEAFOOD
TO GO FOR
48 HOURS
WILD
COOKED
RED
ALASKAN
KING
CRAB
LEGS
FRESH
JUMBO
COOKED
SHRIMP

されているのか。移動したいと妹に言うと、「せっかく連れてきたのに」と怒ったように言っている。だがその口ぶりとは裏腹に、私のリアクションがツボに入ったのか表情はやわらかい。その場を脱出することに成功し、移動先でガムウォールについて調べると、本当に観光名所として書かれている。

「ほらね」

得意げに妹は言う。だが、詳しい紹介文を読んでもやっぱり気持ち悪い。確かに、話のネタになる場所ではあるかもしれないが……ネタになればすべてよし。とはならないことも人生には時にあるのだ。だって、私はユーチューバーでもなければインフルエンサーでもないのだ。ネタになることより自分の気持ちを大事にしよう。

食べて、のぼって、食べて、のぼって

シアトルでもランニングは人気で、年に何度もマラソン大会が行われるという。だがシアトルはどこの道も急な坂道ばかり。歩いているだけでもしんどいのに、ひよっこランナーの私にはここを走るなんてもってのほかだ。そして、今また我々の目の前には坂道が立ちはだかっている。はぁ……もう迂回したい。だが、よりによって急な坂道に限って、美味しそうなパン屋さんやオ

シャレなカフェが密集しているときてる。運動せざる者食うべからずと言われている気分だ。もうこの通り一帯を飴と鞭の道と名付けよう。

そんな通りにひときわ目立ってお店を構えているのが、「パイクプレイスチャウダー」というクラムチャウダーのお店。早めに行ったにもかかわらず既に長蛇の列ができている。アメリカ人は行列が嫌いなんていうのは嘘で、美味しければアメリカ人だって並ぶようだ。ここは全米ベスト・クラムチャウダー賞を何度もとったお店で、至るところに受賞したコンテストのステッカーや賞状が飾られている。

店内はそこまで広くはないが、シアトルっ子にとってクラムチャウダーはファーストフード感覚なのか回転が早い。空いている席で待っていると、商品を持って妹がやってきた。お皿いっぱいに入っている2種類のクラムチャウダーは紙皿から少し垂れて美味しそうである。一番王道はアサリやじゃがいも、そしてサーモンが入ったもの。アラスカでもバンクーバーでもクラムチャウダーをかなり食べているが、日本だと食べる機会は少ない。そもそもクラムチャウダーが食の選択肢として思い浮かぶことすらない。だが、紫のクラムチャウダーは十分メインになるし、飽きないからびっくりする。濃いめの味付けで、海鮮の風味がきちんとあるし、お店によって味も異なるから食べ比べしたくなるのだ。

おなかも満たされた我々は、食後のコーヒーを買いに近くのカフェへ。スターバックスコーヒーだ。店内は異様に混んでいて、店外にまで続いた行列はなかなか途切れそうにない。ここは大都会シアトル。歩いていける範囲には他のスターバックスの店舗がいくつもあるのに、何故かこの店だけ混んでいる。それはここが「スターバックス1号店」だからだ。それを示すのが看板のロゴ。日本でも見慣れているあの人魚の顔のイラストがここだと全身バージョンになっている。しかも、色も見慣れたあの緑色ではなくブラウンだ。なんだかシックで私はこっちのデザインの方が好きかもしれない。行列が収まるまで隣のピロシキ屋で食べながら待つも、入り口にはひっきりなしに記念写真を撮る観光客がいて空きそうにない。ここでしか買えない限定のタンブラーをお土産に買って帰る人も多いのだとか。仕方なく妹オススメの別のカフェへと向かう。シアトルについてから時間が許す限りひたすら食べて飲んでばかりいる。バンクーバーから近いとはいえ、次シアトルにいつ来れるかは分からない。ぽっちゃり道へと突き進んでいるようにも思えるが、方向音痴の妹の後ろをついていくことで無駄に急な坂を上がったり、下りたりして、きっとカロリーもプラマイゼロになっているに違いない。

ボールに込めるあの日の決意

予約したホテルがあるのはTモバイル・パークという野球場の前だった。この野球場はあのイチロー選手が在籍していたMLBのシアトル・マリナーズのホーム球場。ここに来るためだけに渡米する日本の野球ファンも多いという。ホテルの周りには野球選手のユニフォームのショップが並んでいる。そして、その前にはチームの中でも特にスター選手の写真がずらりと飾られていて、野球ファンではなくとも歩いているだけで楽しい。

しかも、我々が訪れた日はちょうど地元マリナーズのホームゲームの日。さらに、13対3という圧倒的な得点差で大勝をおさめたらしく通りには人が多い。せっかく勝ったのならば、その辺のもぎりの人に声をかけて観戦すればよかった。だが、既に試合終了。すべて後の祭りだ。

3塁側の入り口へまわると我々の身長の倍はありそうな大きなグローブの像があり、地元民はここを待ち合わせ場所として利用する人も多いのだそう。せめてもと思い、人通りが少なくなった時間帯を狙って、その前でなんとなくボールを投げる風のポーズだけして写真を撮る。気分だけスター選手。これだけでも意外と楽しい。

小中高の12年間女子校ということが関係しているのかは不明だが、スポーツ観戦には疎い。それでも、社会人になってからは友人に誘われてプロ野球やバスケの試合を年に何回か見る機会があって、誘われるがままに行くと自分の中のミーハー魂が爆裂し、ルールがわからないながらも観戦して楽しかったことをふと思い出す。よし、次どこかで何かのスポーツ観戦をする機会があれば、絶対行こう。改めてそう心に決めたのだった。

家に帰るまでが旅行です

一通りシアトルを満喫して大満足。バスでバンクーバーに戻る。結構な距離をあっちに行ったり、こっちに行ったり、毎日本当に忙しい。3時間ほど揺られていると、あっという間にカナダとアメリカの国境に到着する。バスからはドライバーも含めた乗客全員がおろされ、入国審査へと進む。アラスカ行きの際にはあんだけ時間がかかった審査だ。帰るだけだし、おそらく審査に時間はかからないはずと妹は言うが、一応時間の覚悟はしておく。

「もし引っかかったらどうなるの……？」

「うーんとね。一人でも引っかかると、その人のために乗客全員が待つの」

「えー。どのくらいの時間？」

「検査にどんくらい時間がかかるかはわからないの。何で引っかかったのかにもよるし。……だから、そうなったらとりあえずなんとなく待つしかないの」

続けた言葉が恐ろしい。なんとなくなんてざっくりしすぎている。私待つのわ、いつまでも待つわ……思わずあみんの歌が頭の中に流れる。特に時間がつぶせるカフェなどのお店があるわけがないこの国境沿いで、終わりの時間もわからないまま待つのは苦行である。待つ側の立場ならまだいいが、待たせる側になったら……。考えるだけで恐ろしい。確実に語学力のせいで余計時間がかかることは目に見えている。不安がっている私を見ていて、突如思い出したように妹が再び口をひらく。

「そういえば前、バスで同じようにシアトルからバンクーバーに戻った時、一人のお兄さんがつかまって、結局1時間くらい待っても審査が終わらなかったことがあってね……」

「えっ」

「そしたらバスに乗っていた他の乗客たちが怒りだして。なんで一人のために待たなきゃいけないんだって文句を運転手に言いまくったことがあって」

「え、どうなったの?」

「結局その人を置いて出発したんだよね」

「え……」

「多分、そこまで時間かかったのは査証の問題だと思うけど。多分ゆーみは大丈夫だよ」

そう言うと妹は他人事のように笑っている。そんなことを聞いたら平常心ではいられない。なんでこのタイミングでそんなことを思い出すのだろう。検査に進む途中も、ドキドキが止まらない。せめてもと愛想よく質問に答える。そんなこっちの気持ちがわかったのか、ものの数分で検査はあっさり終了。よかった。ほっと胸をなでおろしながら、残りの乗客たちの様子を見つめる。しばらくすると、全員が検査を終え、誰一人置いていくこともなくバスは出発した。家まではあと少し。どうか無事につきますように。

行きつけのお店

「私はいつもこのあたりのBARで飲むの」

妹の行きつけのバー。

「あ、ここのケーキは外せない」

妹の行きつけのカフェ。

「ここはイケメンの感じのいい店員さんがいる」

妹のお気に入りの店員さん。

カナダに戻った我々は、「イエールタウン」という再開発エリアに来た。ここは古い倉庫が改装されたお店があったり、レトロなレンガ造りの建物が建ち並んでいたり、テラス席のレストランが連なっていたりする大人の雰囲気が漂う場所である。これぞ観光地というような建物や施設はないが、個人のお店が多く歩いているだけで楽しいエリアだ。もう既に何度か妹に案内してもらい、何度も来ているうちに私はこの街がすっかり大好きになった。慣れたとはいえ、相変わらず私は妹におんぶにだっこ。隣を堂々と歩く妹に頼りきりだ。そんな妹の頼もしい姿を見ていると、ふと中学生の頃のことを思い出した。

今から15年程前。妹はびっしりとあんこが入った「あじまん」という大判焼きが大好きで、放課後毎日のように近くのスーパーの駐車場に停まっているキッチンカーのお店に買いに行っていた。そして、誰にも見つからないように自分の部屋でこっそり食べては、その後あじまんの包み紙が部屋のゴミ箱に捨てられているのを母に発見され「また、内緒で食べて！」と怒られるのが日常の光景だった。

だが、「シアトルではここ」「バンクーバーのここではここ」「これが食べたいならあそこの街のこれね」といつの間にか妹の飲食のスケールは大きくなり、選ぶお店も洗練されたものになった。あの頃の私に今の妹の姿を言ってもきっと信じないだろう。思いがけないところで妹の成長を感じる。妹の背中を追いかけるだけの海外生活は新鮮なことばかりだ。10年後、20年後、私たちの関係性はどのようになっているのだろう。妹はどこの国でどんな美味しいものを案内してくれるだろうか。

そういえば、逆に私が妹を案内できるような場所はあるだろうか。困った。何もない。いつ妹が来てもいいよう帰国後、大急ぎで都内を街歩きしよう。

控えおろう、これより私が通る

年間80万人が訪れるというノースバンクーバー地区にある「キャピラノ吊り橋」に行く。人気の観光名所なだけあって、数十分おきに出ているシャトルバスの座席はあっという間にいっぱいになる。実は、キャピラノ吊り橋には9年前にカナダに訪れた時にも来ていた。遠目だが街から見える山の中にあるキャピラノ吊り橋は凄く景色が綺麗だった記憶がある。あの景色をまた見れるのは楽しみだ。バスが川を越え、橋を渡る様子を車窓からのんびり眺めていると、街から見ていた時は遠いと感じていた山の中にもういた。一本一本の木が大きく逞しい。青空いっぱいの空と気持ちのいい気温。時折吹くそよ風。なんと過ごしやすい日だろう。チケット売り場まで気持ちよく「ふふふーん」と鼻歌交じりに移動をする。この時の私は完全に忘れていた。前回訪れた時に散々騒ぎ、不機嫌になってむくれたあの思いを。高さ70m。そこにかけられた全長140m

の吊り橋。その下を静かに流れる川。

「あぁ、この橋怖い」

　この架け橋には「揺らしたり、ジャンプしたりしないでください」という看板が置かれている。だが、そんなこと書かれなくても、誰も揺らす人などいないだろう。何故、板と板の隙間から川が見えるのだろう。本当に怖い。9年の時が経っても思いは変わらない。私は母と妹と訪れた前回も今と同じように一人だけなかなか前に進めなかったのだ。

「大丈夫だって、早く行こうよ」

　妹は今回もそう言いトコトコ先に行ってしまった。そんな妹を尻目に私はというと、すっかりおびえて「ちょっと、待って」と小さな声を出すのが精一杯。それでもロープをつかんでなんとか頑張って1歩ずつ1歩ずつ前に進んでいたのだが、先程から足元が妙にふらつく。ちょうど真ん中まで来たところ。怖い気持ちもピークだ。心を落ち着かせ、足を踏み出すが揺れはさらに激しくなっていく。揺れの原因は何だろう。いくら真ん中は揺れやすいとはいえこれは異常だ。目を凝らすと、橋の先にくりくりのカーリーヘアーをした可愛い外国のちびっこたちがいる。そして彼らは無邪気に飛び跳ねている。橋の上で。ちょっとジャンプしただけでも、かなり左右に揺れるこの橋の上で彼らは大ジャンプ連続ジャンプ。どうしたらもっと橋を揺らせるのかを探ることに夢中になっているようにも見える。彼らは橋の揺れを怖がる大人がこの世にいることを知らないのだろう。

「橋を揺らさないでください」

管制塔からスタッフが呼びかけるが、無邪気なちびっこたちが静かにしているのはほんの数秒でしばらくすると再び揺らしはじめる。キラキラとした笑顔に満ち溢れ、天使が空を飛んでいるようである。だが、そんな可愛らしい姿を邪気に満ちた目でじっと見つめる。

「どうして近くに親がいるのになんで自分の子供を注意しないの？　ありえなくない？」

「何をそんなに怒っているのよ」

「あんなにジャンプして橋が壊れたらどうしてくれるの？」

妹にぶつぶつとつぶやく私の顔は鬼の形相をしている。

「大丈夫だって、こんなんじゃ橋壊れないから。本当に怖がりね」

妹は笑いながら言うが、この世に確実な安全などない。私にとっては、あの天使のような可愛いちびっこたちは悪魔だ。次は怒るから覚悟しておけ。

所変われば人も変わる

幼い頃は、怖いもの知らずだった。無垢だったのか、無知ゆえだったのかはわからない。だが、大人になると人は変わってしまう。先ほどの吊り橋がいい例だ。高所恐怖症になったのは大人になってからで、幼い頃の私は自分の家より高い庭の木に毎日のように登っていた。平均台の上で側転をして足元が不安定な状態の上に立っても恐れを抱くことはなかった。

橋を渡りきった先を見ると、人がたまっていて賑わっている。小さな売店があり、少しばかりアイスと飲物が売られているようだ。そりゃ、誰だってあんな危険な思いをしたらかなりの量のエネルギーが消費される。だが、今はもうこの橋から少しでも離れたい。売店を通り過ぎて、さらに道なりに進んでいくとツリートップアドベンチャーという遊歩道が見えてくる。ここには木と木の間をぬうように吊り橋が架けられている。橋は大人二人程が立つことができるくらいの幅。だが1本1本の距離も短く、揺れもわずか。

何故か川の上と違って、木の上だと高所でもそこまで恐怖心を抱かない。木漏れ日が漏れる森の中を先程のちびっこたちが見ていたらびっくりするほどの元気さでぴゅんぴゅん駆けていく。夏の陽をめいっぱい浴びた青々とした木々たちの間は通るだけで気持ちがいい。もしかしたら木の上だと怖くないのは、小さい頃毎日のように木登りをしていたお陰なのかもしれない。いざとなれば、その辺の木によじ登ってやると本能で感じているのだろう。だが、その考えだと下が川だって……泳げるっちゃ泳げるから平気なのではないだろうか。

そう思って帰り道に再びキャピラノ吊り橋にチャレンジする。

「やっぱりむりーーーーーーーーー」

山中に響く叫び声。人の根本は色んな意味で変わらない。

妹の取り扱い説明書

「マユクサ、コーヒーを淹れて」

朝まだ寝間着のままの私の目の前に淹れたてのコーヒーが置かれる。マユクサはダラダラと私がコーヒーをゆったり飲んでいる間、ぱっぱっぱっと化粧をし、いつの間にか会社の制服に着替えて、仕事へと向かった。そして、数時間後に帰宅すると、夕飯をいそいそと作る。メインだけではなく副菜やスープまでついている。食べ終わると、すっかり満足した私は今度はソファーの上でごろごろダラダラと過ごす。

「OK,Mayugle 食後のデザートが食べたい」

「ソファーでゴロゴロしないで、そこにお菓子あるから自分で取って」

「OK,Mayugle おやつが食べたい」

「はー。はいはい。持っていけばいいんでしょ、わかった。わかった」

食事の支度。洗濯、掃除。私が来てから、妹の仕事量は倍増している。わかってはいるのだが、それでも私の身体は1ミリたりとも動けない。ごろごろごろごろ。ごろごろごろごろ。

「まゆが仕事に行ってる間、ゆーみは何をしてるの?」

電話をした時に母に聞かれ、

「うーん、ランニング? あとネットフリックス?」

「居候の身でしょ。せめて、まゆが仕事の間に掃除したりご飯作ろうという考えはないの?」

「うーん……、んー……」

母の問いにとぼけたような声を出してはぐらかす。ランニングをしたらその後は疲れてお風呂にゆったり入りたいし、お風呂から上がったら今度はまったりしたくなってしまう。だが、母から1時間走れる体力はあるのにと言われて、正直ぐうの音も出ない。

そもそもこのだらけた性格は今にはじまったことではない。東京のアパートに家族が来た時や実家に帰省している時も、私の様子は今とさほど変わらない。独り暮らしの家ではしぶしぶ掃除も料理も毎日しているけれど、周りに頼れる家族がいると、私は途端に何もしなくなってしまう。

正直、家族に申し訳ない気持ちはいっぱいだ。だが、自分の怠け具合は置いておいても同じ空間に人がいるというのは、それだけで本当に幸せなことである。だから、妹も私がいるだけできっと嬉しいはずである。都合よくそんなことを考える。だがしばらくして、「ただいま」と帰ってきた妹の顔はいつも以上に疲れた表情をしている。ふと母の言葉がよぎる。よし、今日は私がコーヒー淹れようじゃないか。

弾丸カナダ国内旅

レディースエンドジェントルマン。皆様、本日は当機をご利用いただきまして誠にありがとうございます。本日はダウンタウンにランチを食べに来がてら、新しくできたというアトラクションを体験しにやってまいりました。それではどうぞお楽しみください。

体験しに来たのは「フライオーバーカナダ」という4Dのアトラクション。空を飛んでいるような気分でカナダ全土の観光地をめぐることができるいわゆるバーチャル飛行体験というやつだ。施設があるのはカナダプレイスの近く。できたばかりの施設だが平日だったこともあり当日券を手に入れられた。指定された時間より少し早く受付に行くと既に多くの人が並んでいる。まだ時間は早いのに後ろの方。そう思っていると、どうやらそれは前の時間帯に間に合わなかった人たちだと言う。実際の飛行機なら、出発時間に間に合わないと置いていかれるだけだが、ここのスタッフは優しい。だが、お陰で私たちが当初予定していた時間帯が満席になってしまった。外国特有のこのルーズさには驚いてしまう。30分後ようやく案内され、VRメガネをつけてテーマパークのアトラクションのような座席に座る。シートベルトの着用を係員がチェックすると、いよいよスタートである。

「快適な空の旅をお楽しみください」

座席がふわりと動き、足は地面から離れ宙ぶらりん状態に。前方の巨大なスクリーンで足元から頭まで視界いっぱいにバンクーバーの空を映しはじめる。リアルに風まで感じて本当に空を飛んでいるような気分だ。まるで私はスーパーマン。見慣れたバンクーバーの街並みを過ぎると、いつの間にか東部カナダに移動し、ナイアガラの滝の上を飛んでいる。上空から聞く滝の音。間近で見る水しぶき。季節もうつりかわると、次は紅葉で色づくケベックへ。森の上をもんがのようにびゅーんと飛んでいく。そして今度はカナダ北部イエローナイフ。普段は3日に1度くらいのペースでしか見ることができないオーロラがすぐ間近でエメラルド色に輝き、足元では雪の上を犬ぞりが駆けぬけている。なんという素敵な景色。

「うわあああああ」

見える景色がリアル過ぎて叫んでしまう。VRメガネ越しに見ているはずなのにすっかり頭が目の前の景色を本物だと錯覚してしまっている。試しにこっそりメガネをずらし周りを見渡してみると、他の人たちも口をあんぐりと開けている。約8分間の飛行。色んなところに行ったと思っていたカナダもまだまだ行っていない場所だらけだ。着陸の合図が鳴る。ベルト着用サインが消えるまで静かに待つ。お得感のある空の旅だ。再びこのアトラクションに乗るのが先か、それとも今日VRメガネ越しに見た各地にリアルに旅をするのが先か。乞うご期待。

カナダ暮らしになれてきて

彩りがいいトマトやパプリカなんかを見て、今夜の夕食は何を作ろうかしらといった様子で指をさしながら歩く。その姿はまさに長年カナダに住んでいる人そのもの。

「あらー、マイケル。今日はいいの入っているじゃない」

「やけに太陽がまぶしく感じるなと思ったら君が近くにいたんだね。おまけしちゃうよ」

馴染みの店員さんとのそんなやり取りが今にも聞こえてきそうである。

今日はいつも荷物が少ない妹を見習って、私も荷物少なめで外出してみたのだ。その感じがなんだか海外生活にこ慣れた風に見える気がする。自分もカナダっ子の一員になったような感覚だ。

思わず自分でその世界観にひたってしまう。カナダに来て数週間が過ぎ、私は完全に海外生活に染まっていた。

今日は「グランビルアイランド」という海沿いの倉庫街っぽい場所にやってきた。そこの敷地内にあるパブリックマーケットという屋内の施設にいるのだが、ここに来た目的は、サーモンのクラムチャウダーを食べるためである。前回カナダに来た時ここでクラムチャウダーを食べて美味しかった記憶が鮮明にあったのだ。パイで包まれたクラムチャウダーが渡され、近くのテーブルで食べる。ふわふわの茶色いパイをシチューの海に沈めると、沈みきらなかったパイの破片が顔を出す。シチューがたっぷり浸かり、しっとりした生地になった面と焼きたてのパリパリ感が残るところがいい感じに混ざっている。パイ生地のハーモニーである。決してオシャレと言うわけではない、いたって普通のベンチとテーブルのカフェ。フードコートの一角にあるようなお店だ。だがそこで懐かしい料理を久しぶりに食べ、食べ終わっても口の中に残る幸せな余韻を感じながらゆったりと過ごすこのひと時はこの上ない幸せな時間。シアトルのクラムチャウダーもアラスカのも美味しかったけれど、やっぱりバンクーバーも最高だ。市場に買い物に来た地元のお客さんたちを眺めながら、今日ここで過ごす時間だけでもカナダっ子になった気分で楽しく過ごそう。

友達100人できるかな

男女の友情は成立するか。多くのテレビ番組でこんな議題が挙がるのを目にする。私は男女の友情は成立する。というより、友情にカテゴリーは関係ないと考える。性別だけではなく、年齢も国籍も友情を育むのには関係ない。年を重ねるほどそんなことを強く思うようになってきた。映画「ET」では主人公の少年エリオットが偶然出会った地球外生命体と地球生物の垣根を超え、友情をはぐくむ様子が感動をよんだ。地球外生命体とはいわずとも、動物との間にだって友情はあるのかもしれない。

夏のバンクーバーの空はまだまだ明るい。グランビルアイランドの目の前から出ているアクアバスという小船に乗り対岸のビーチに渡る。海岸線沿いにのびる遊歩道は28キロにもおよんでいて、ランニングやサイクリングを楽しむ人が多い。我々もスタンレーパークという世界で美しい公園ランキングで常に上位に入る公園まで歩いていくことにした。

「こんなに歩いたことはない」

まゆは少し歩いただけでもう嫌な顔をしてそんなことを言っているが、言葉とは裏腹に顔はにこやかな表情をしている。なんていったって天気と綺麗な景色が心地よいのだ。このあたりは夕陽が見えるスポットとしても有名だという。ビーチ沿いにはレストランやバーが並び、人々が昼から優雅に飲んでいる。夕陽まではまだ大分時間がありそうだが、ここなら何時間飲んでも待つのが苦ではないだろう。羨ましい一日の過ごし方である。そんな人たちを横目に、我々は遊歩道をトレンディドラマの主人公であるかのようにサングラスをかけドヤ顔で歩いていく。そしてそんな我々をローラーブレードを履いた若者がびゅんびゅんぬかしていく。この辺に引っ越してほしいと妹に懇願するも、この辺の家賃は高いと断られる。だが、ちょっとくらい家賃が高くったって、ここを毎日散歩できるなら最高だ。そのくらい私はこの公園が気に入った。

ペット連れで散歩している人も多く、先程からずっとかわいい犬が目に入って頬がゆる

みっぱなしだ。あー、なんとかわいい。大きな犬、大きな犬。大きな犬。小さい犬。小さなワニ。ん……。なんか1匹だけ違った気がする。もう一度左から。あー、なんとかわいい。大きな犬、大きな犬。大きな犬。小さい犬。小さなワニ。ん……、ワニ⁉

そこには小さなワニが闊歩していた。太陽の光を気持ちよさそうに浴びながら、短い4つ足を必死に動かしテトテトと歩いている。なんでここにワニがいるのだろう。犬のようなリードをつけられおじさんと一緒に歩いている。おじさんのペットなのだろう。おじさんは決して早く歩かないワニの二、三歩後ろをゆったりとついて回っている。飼い主とペットというより、長年連れ添った老夫婦のようだ。もしかすると大きなトカゲかイグアナだったのかもしれないが、ビーチ沿いで見る「それ」は小さなワニである。

そんな人間も色んな動物たちも混ざって散歩する近くにはカナダの先住民たちが石を積み上げたイヌクシュクというモニュメントが建っている。バンクーバーオリンピックの公式キャラクター「イラナーク」はこのモニュメントを元にしたものだという。イラナークはイヌイット語で「友達」という意味。ちょっと陽がおちてきた公園はまた違った姿を見せ、まだまだ歩いていたい。確かにこんだけ居心地がよく美しい公園なら、人間だろうと、ワニだろうと、犬だろうと、地球外生命体だろうと、すぐに親しくなれるのかもしれない。

建国記念日カナダデイ

今日はカナダの国中が赤くなる日。7月1日。カナダの建国記念日である。

日本の建国記念日は、バレンタインデー等のイベントに埋もれがちで「祝日やっほー」くらいのテンションにしかならないけれど、カナダ人の建国記念日に対する意識は高い。この日に合わせたお祭りやイベントが国中の至るところでめじろ押しだ。そして、カナダデイの少し前から街中のお店では、カナダ国旗がデザインされた様々なグッズが並ぶ。

今日は妹も仕事が休み。いつもより足を延ばし、日本人街があるスティーブストーンの「サーモンフェスティバル」に行くことにした。毎年5万人以上もの人が来るお祭りらしい。

「今日は絶対に赤い服を着て」

妹にそう言われ、しぶしぶ赤い服を着る。小さい頃はよくお揃いの洋服を着て出かけていたが、そこから数十年。お揃いの服を着ることはない。だが、今日はふたりして真っ赤なトップス。この歳になって妹とお揃いか。妙な気恥ずかしさを抱えながら電車に乗ると、車内は真っ赤っ赤だった。ほぼ全員が、街中のお店で売られている「こんな派手なの誰が買うんだろう」と思ったあのカナダ国旗が描かれたど派手な赤いTシャツや帽子を身につけている。妹がしつこいくらいに「赤い服を着ろ」と言っていた意味がようやくわかる。確かに今日は普通の服だと浮いてしまうかもしれない。

いくつものバスを乗り継ぎ、スティーブストーンに到着すると歩行者天国になっていた。軒先には国旗が飾られ、街中に季節外れの赤い紅葉がヒラヒラと舞っている。天気もカナダの建国記念日を祝っているのか太陽がさんさんと輝いている。音楽が鳴り響き、どこもかしこも人がごった返し、日本のお正月のような盛り上がり方をしている。

フェイスペイントのブースで頬にカナダの国旗を書いてもらう。どうやらここは学生ボランティアが運営しているブースらしい。担当してくれた子は人生で初めて人にフェイスペイントをすると言い緊張した様子だ。しばらくすると綺麗に頬に紅葉が舞う。書いた彼女も上手く書けて嬉しそうだ。「素敵な日になりますように」と送り出され、気分よく再び散策。それにしても、この街は一応日本人街のはずなのだが日本っぽさはまるで感じられない。カナダデイだからだろうか。歩いていても疑問は解決されない。そして、歩けども歩けども一向にお目当てのものも見つからない。サーモンがどこにもないのだ。近くのスタッフに駆け寄り尋ねると、朝一番の段階で用意していたサーモンが全部なくなってしまったと言う。ガーン。せっかく食べにきたのに。サーモンフェスティバルなのにメインのサーモンがないってどういうこと。こんなの「徹子の部屋」に黒柳徹子さんがいないようなものじゃないか。しかも、今日はたくさんサーモンを食べるぞと意気込んで、朝食を食べてこなかった。空腹度合いはピーク。屋台も出ているが日差しが強い中、外で食べる気にはなれない。どこでもいいからお店に入りたい。レストランはたくさんあるのだが、どこも外に行列ができるほど混んでいる。さらに海沿いのお店となると、予約客でいっぱいで2時間以上席は空かないという。計画性の無さが仇となった。その後も何軒ものレストランで断られ続ける。暑い。もう魚じゃなくても、肉でも……いっそブラウニーでもいいから食べたい。根気よくレストランを探していると、ようやく1軒のレストランに出合えた。順番を待っていると、ちょい悪風の見た目をしたおじさんスタッフが声をかけてくる。

「ヘイ、ガールズ。君らはテラス席と店内どっちがいい？」

「暑すぎて……。できれば中がいいけど、おなかがすいているから早く空いた方で大丈夫」

「オッケー、ちょっと外で待っていてね」

気持ち的には涼しいお店の中で食べたいが、贅沢は言っていられない。もう食べられればなんでもいい。テラス席の方が回転が早そうで、赤ら顔で覚悟を決めて待っていると、先程のちょい悪おじさん風のスタッフが「君らはラッキーだね、中の席にどうぞ」と声をかけてくる。どうやらあまりにも汗だくな我々を見て、席を新たにつくってくれたらしい。いい店だ。クーラーのきいた席でメニューを広げる。サーモンの文字は見当たらないがさすが港町、魚料理が多い。魚介類のパスタとカクテルを注文すると、混んでいるのに料理はすぐにきた。具の白身魚は肉厚でちょっと塩っけがきいたパスタが美味しい。店内はお客さんがひっきりなしに訪れていて、相変わらず忙しそうだが先ほどのちょい悪おじさんのスタッフとシェフは楽しそうに話しながら手際よく仕事をしている。そんな雰囲気の良さが料理をさらに美味しくさせる。色々歩きまわったけれど、結果オーライ。今日はいい1日だ。

夏のはじまり

私は夏が苦手だ。ただそこに存在しているだけで全身から半端ない量の汗が出る。日焼けすれば全身真っ赤になる。キンキンに冷えたアイスコーヒー。ひまわり畑。祖父母の家でとれた夏野菜たち。星空観察。お祭りの音。そしてやっぱり花火。でも夏のはじまりを感じるようなモノは好きだ。人生で一番の花火は秋田県大曲の花火。初めて見に行ったときのことは忘れない。花火に偽物も本物もないけれど、これこそ本物の花火だと感じた。季節問わずにいいものだが、夏は特段花火を浴びたくなる。ぱっと開くその瞬間は心を明るくさせ、打ち上がっていく音は気持ちを高ぶらせる。さて、今年はどんな夏のはじまりになるのだろうか。

カナダデイを記念して、夜にカナダプレイスで花火が上がるという。しかも、国内では二番目に大きなイベントらしい。せっかくだから行こう。花火に備えて何時間も前から席取りしている人も多いが、我々が行ったのは花火がはじまるほんの少し前。どこから花火が上がるか分からないが、人が多い方に行けばおそらく見られると信じ人混みを目指していく。

歩行者天国になっている中をあちこち歩いていると、

「ひゅーーばーん」

花火が上がりはじめた音が聞こえる。音的に距離は近いはずなのだが、目の前の大きなビルが邪魔をして花火は見えない。それでも、なんとか見ようと背伸びをしながら空を見上げてみるも状況はさほど変わらない。すると、目の前にいた人がどどどどどと右から左へと走り去っていった。まるでヌーの大群だ。まもなくして走り去っていた人が知り合いに向けた「おーい、こっちからだと見えそうだぞーー」という叫びが聞こえていた。

「今の聞こえた？　私たちもあっちに行くよ」

遅れまいと車道を駆け抜ける。歩行者天国だから問題はないが悪いことしている気分。1ブロックほど走ると、そこは広場になっていて、夢のような景色が広がっていた。突き抜けた空に開く満開の花火。それを盛り上げるＤＪの演奏。踊り狂う人々。お祝いそのものである。

何度も花火が打ち上がる中、その光景は続く。高く打ち上がった花火を遮るものは何もなく、まんまると花開く様子が美しい。さっきこの場所のことを叫んでいた人に感謝である。まだまだ見ていたい。だが、フィナーレまでいると、駅に入場規制がかかる上に電車も混み何時間も動けなくなるらしい。名残惜しいが一足早く帰路につく。駅に向かって歩いていると、

「ばばばばばば」

今までにない大きな音が後ろで響き、振り返ると目線の先に今まで見た中で一番大きな花火が開く。タイミングよく見ることができて本当にラッキー。電車の混雑状況もまだまだ許容範囲。最寄駅につきバスに乗り換えると、普段は行先を示すバスの表示が「HAPPY HOLIDAY」となっている。今年も夏がはじまった。最高のスタートである。

待ち合わせ

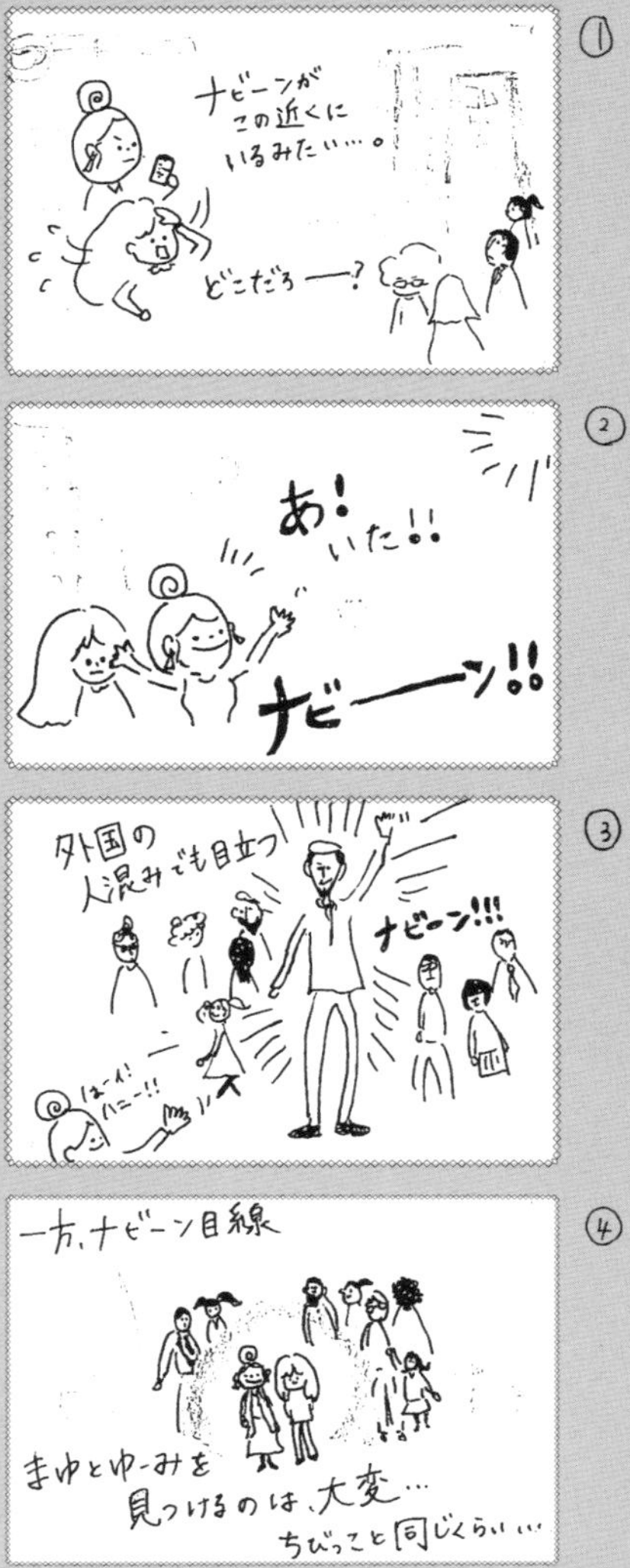
①
ナビーンがこの近くにいるみたい…。
どこだろ――?
②
あ!いた!!
ナビーーン!!
③
外国の人混みでも目立つ
ナビーン!!!
はーい!ハニー!!
④
一方、ナビーン目線
まゆとゆーみを見つけるのは、大変…
ちびっこと同じくらい…

姉にみられる妹

①

②

③

④

3人で写真をとりたい

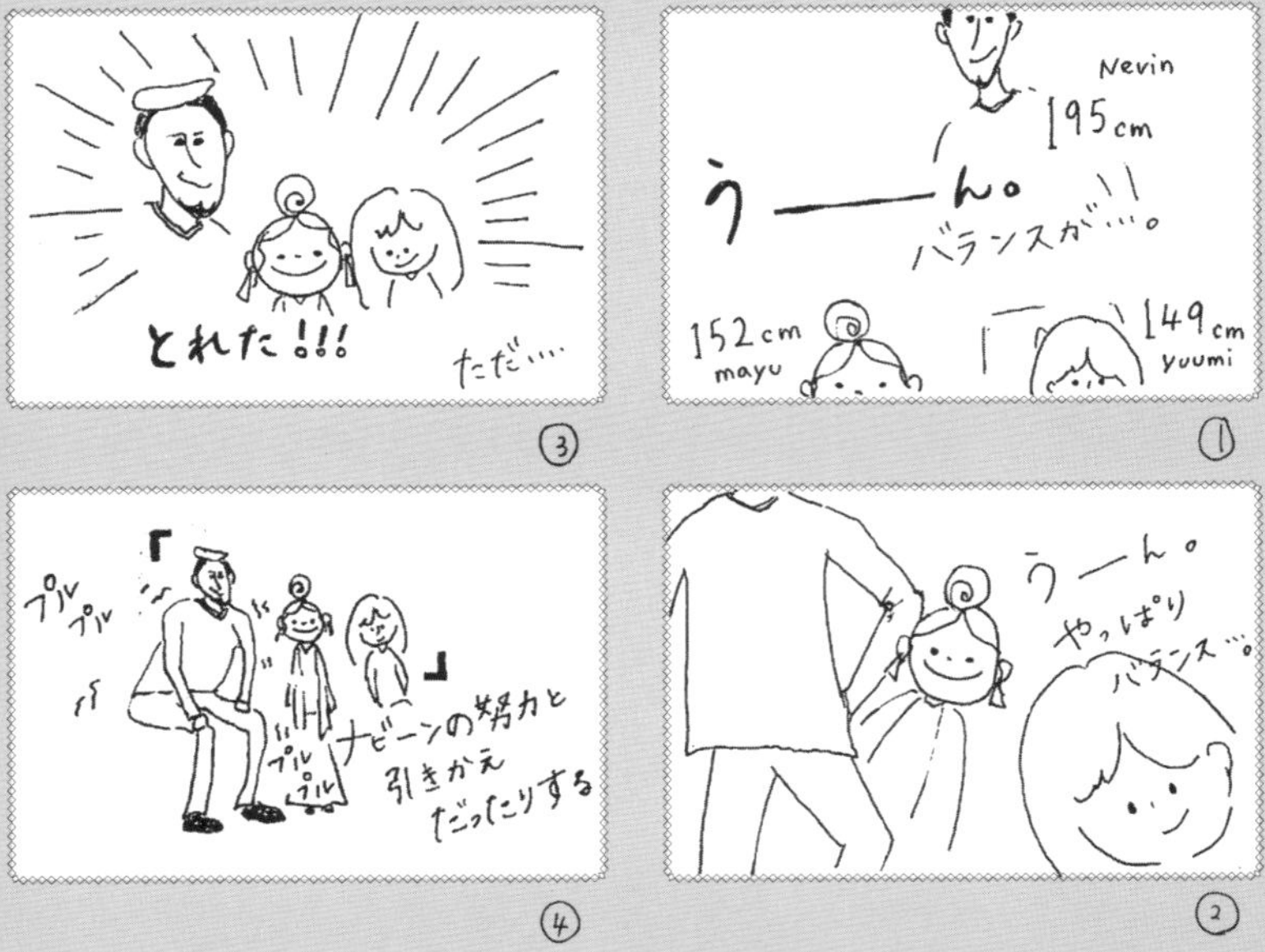
①
Nevin
195cm
うーーん。
バランスが…!!
152cm
mayu
149cm
yuumi
②
うーん。
やっぱり
バランス…。
③
とれた!!!
ただ…
④
プルプル
プルプル
ナビーンの努力と
引きかえ
だったりする

座っておしゃべり
していると
そこまで身長差が
気にならないフシギ!!!
(…座高?)

コラム1

妹のカナダの景色vs私（観光客）が見るカナダの景色

今日はダウンタウンへ行く。ちょうど来たバスはいつもと違うルートらしい。乗客は一人のみで、車内はガランとしている。ラッキー、座れる。そう思う私の横で妹の様子がおかしい。何故かバスに乗ってからずっとソワソワとしているのだ。しばらくすると、さらにソワソワした様子で今度はきょろきょろと窓の外を眺めている。

「さっきからどうしちゃったのよ」

思わずそう尋ねると、か細い声で「もうすぐ危険な通りを通るから気を付けて」と答えた。危険な通り……？　外を眺めてみる。だが、景色はいたって普通。街並みに目立った特徴はない。具体的に何が危険か教えてと言うと、

「この通りは……、うん。とにかく危険なの。うぇえいいって感じの人達がたくさんいて。そんな人たちがガンガン喋りかけてくる場所なの。ここは絶対にバスを降りちゃだめ」

「うぇええいって？」

話上手な妹が今日は随分抽象的だ。その後も妹は言葉数少ない。

そんな矢先のことだった。運転手からのアナウンスが響いた。

「全員バスから降りてください」

こんなセリフ、バスジャック映画くらいでしか聞く機会はない。だが、鼻をふふーんとならす運転手からは緊迫感は感じない。本来ダウンタウン行きだが、もう車庫に戻ると言う。

「なんで……？」

妹の顔色がみるみる悪くなっていく。

「ここは危険じゃない。せめてもう少し先までいってよ」と運転手に詰め寄る。だが、車庫に帰るからの一点張り。もう一人の乗客はいつの間にか消えており、仕方なくバスを降りる。

「こんな夜遅くにこの辺を歩いたことなんてない……」

「でも、もう目的地近そうじゃない？」

フォローのつもりでそう言うも、妹の耳には届いていない。こちらを一瞥もせず「どうしたらいいの。タクシーもいない……」と、独り言を言っている。降ろされた場所は古い雑居ビルが立ち並ぶ薄暗い道。飲食店などもなさそうだ。誰一人歩いておらず、お化けでも出そうではある。だがそこまで怖がる道だろうか。正直、私は理由も教えてくれず「アブナイ……」「ココ……」と無表情で呟き続いている妹が一番怖い。

仕方なく歩を進めていていると、しばらくして別のバスに乗ることができた。落ち着きをみせた妹に訳を聞くと、あの通りはホームレスやドラッグ中毒者が多い通りで、とにかく犯罪率が高いエリアなのだという。

「だけどね、皆がみんな最初からそうなったわけじゃなくて。中には元軍人でＰＴＳＤなどでそういう風になった人もいるんだよね」

「観光客は来ないけど、これもカナダの現状なの。ま、色んな人がいるけどね」

そう言う妹はキリリッとした瞳をしていて、海外で生きる大変さを物語っていた。日本人にとってカナダのイメージはよく、危険な印象はない。私自身海外で怖い目にあったことはなくその危険度については忘れがちだ。妹自身も敢えてなのかそんなことを話題にはしない。だが、ここは海外。あの危険な通りに何故あの時間だけ誰もいなかったのか。ただ運がよかっただけなのか、それとも別の理由があったのか。その謎は解明されていないが、次も同じとは限らない。気を引き締めるきっかけになった。

STARBUCKS COFFEE

バンクーバー
GRAN CORRIDA DE TOROS
ALVARO
DOMECQ
TIO PEPE

THE EMPRESS
ビクトリア

アンカレッジ

シアトル
PUBLIC
MARKET
FARMERS MARKET

メキシコシティ
テオティワカ

グアナファト

Place your bets please...

column

ポートランド

大きなクリスマスツリー

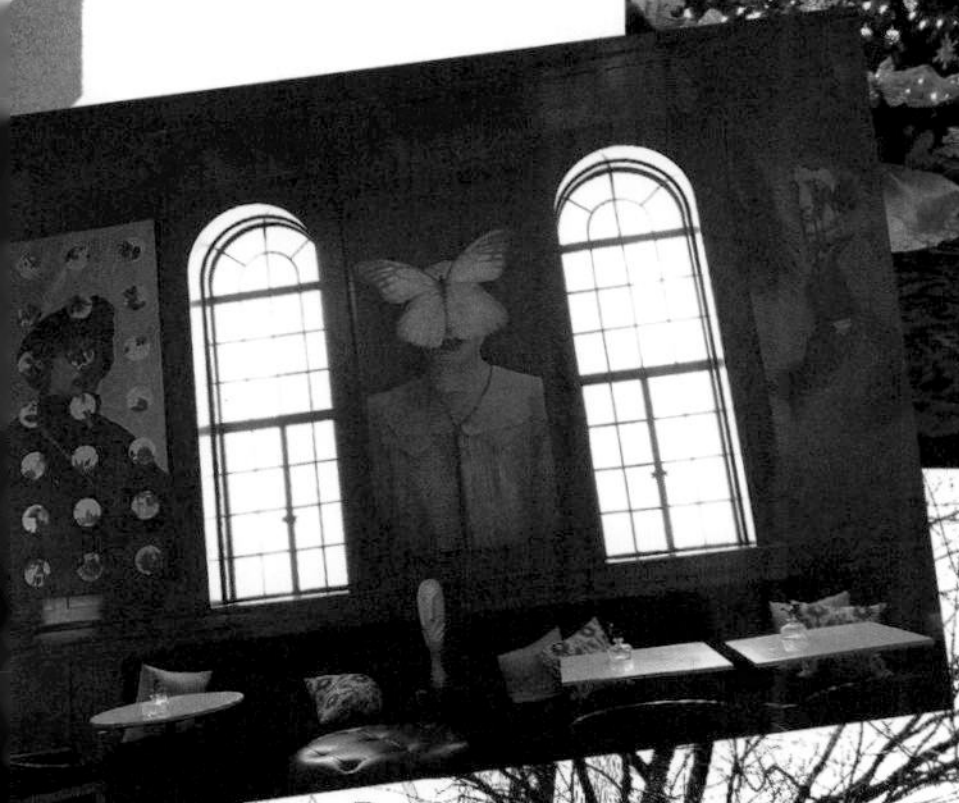

コラム２

リモート結婚式
コロナ禍のカナダとのやりとり

「結婚式をするんだって」

ある日、妹からそんな連絡がきた。

「誰が？」

「ナビア！」

「よければゆーみもどうぞ！　だって」

ナビーンは3人兄弟で、ナビアは真ん中の妹だ。

彼女は国際弁護士としてカナダでバリバリ働いている。ナビアと初めて会ったのは２０１９年のインド旅。カナダでも何回かお茶をしたことがある。

相手はインド人の友人で実家がある南インドの教会で式を挙げるという。

だが、今は２０２０年7月。コロナ禍真っ只中。「さすがに、行けないよ」と妹に言うと、「私もカナダから参列するから大丈夫」という答えが返ってきた。はて、どういうことだろう。しばらくすると、妹からＵＲＬが送られてきた。これはなんのＵＲＬだろう。サイトにとんでみるが、何もない。

キリスト教徒であっても、さすがインドの結婚式。本来であればナビアたちも結婚式に最低でも５００人くらいは友人を呼ぶ予定だったという。だが、新型ウィルスがおさまりそうにないため急遽会場を変え、列席者も家族のみにしたらしい。そして、多くの知人を招待できなかった代わりに、式の様子をライブ中継することにしたという。どうやらこのＵＲＬは当日になる

とＹｏｕＴｕｂｅでライブ映像が流れる仕組みになっているらしい。

なんて今ドキな結婚式。これであれば、コロナ禍関係なく、身体的な問題や仕事上、海外旅行がしづらい人だって気軽に参列できるではないか。

式が始まるのは日本時間の14時。

より気分を高めようと、お昼は近所の南インド料理屋でスパイス料理を食べる。

私の様子が向こうに見られることはないが、服もいつものダルダルなＴシャツから、ちょっとアジア感を感じさせる服へと着替える。準備は万端だ。もうここは南インド。お昼に食べたスパイスの匂いを漂わせながら今か今かとパソコンと睨めっこする。

時計が14時をまわると、ボンネットに黄色い花を乗せた車が登場した。ほどなくして、車からおりてきたのはブーケを持った白いウェディングドレス姿のナビア。見とれていると、グレーのスーツに身を包んだ新郎のバーナードが別の車に乗って登場した。二人が揃い、会場へ入ると、色とりどりのサリーを身にまとった参列者たちが出迎える。マスクをつけた列席者たちがどういう表情をしているのかまでは見えない。しかも、神父様や親族からのお祝いのメッセージは英語とマラヤーラム語が入り混じる。ライブ映像には字幕はないため、何を言っているのかはわからない。讃美歌が流れているはずだが、インド民謡っぽく感じるのは気のせいだろうか。だが、そんな状態でもパソコンから流れる映像に自然と頬がゆるむ。この結婚式が明るく楽しい気な雰囲気なのが伝わってくるのだ。暗い自粛生活が続いていた中にふと舞い降りた彩り。日本で一人過ごしているはずなのに、みんなと一緒にいるような不思議な感覚。あっという間に時間が流れていく。

幸せなイベントには言葉も国境も関係ない。いつか、直接お祝いを言いに行けるのだろうか。そう考えているものの、もうあれから2年が経ってしまっている。外国は近いようで遠い。遠いけれど、繋がっている。だからこそ今持っている貴重な繋がりを心の芯において、今私はここで生きていく。

ConocoPhillips
Anchorage Mayor's
MARATHON & HALF-MARATHON

第四章

メキシコ周遊編

メキシコシティ・テオティワカン・グアナファト・カンクン

いざ、メキシコへ！

バンクーバーからの直行便で約5時間30分メキシコシティにひとっとび。日本からだと約13時間かかるので、所要時間は約半分以下だ。メキシコシティに到着すると笑顔の妹が近づいてきた。移動中よく眠れたらしい。

「ゆーみ、隣に座っていた人たちと交流していなかった？　珍しいね」

「交流なんてしてしていない、もう最悪！」

話は5時間半前にさかのぼる。私の席は3列シートの通路側。荷物はすべて預け、必要最低限のものだけ入った小さな手提げカバンを掲げながら席につくと、既に隣には若いカップルが座っていた。言葉を交わすこともなく、いつもの如く離陸前に眠りにつく。10分も経っていない頃、ふいに横から「とんととん」と肩を叩かれる。日本だと眠っているとスルーされる場合が多いが、海外のキャビンアテンダントはお客さんが熟睡していると肩を叩いて起こして注文の有無を聞く。今回もそれで起こされたのかと思い、叩かれた方に目を向ける。しかし、叩いたのは。右側に座っている若いカップルの彼氏だった。

「あのさ、君。右側を向いて寝ないでくれる？」

と一言。それがあまりにもトゲトゲしい言い方で、驚いて思わず黙り込む。でも嫌な思いをさせてしまったのなら仕方がない。謝りながら、背筋をピンと伸ばし前を向き、再び目をつむる。しかし、しばらくするとまた再びあの忘れもしないリズム。とんととん。もう何も悪いことはしていないはず。そう思いながら再び彼の方を向くと今度は、

「君さ、右側のひじ掛けを使わないでくれる?」

だが、私の肘はうっすらひじ掛けに触れているだけである。えぇ、これで文句言うの⁉ 仕方なく寄れるだけ左に寄るが、ここはエコノミークラス。座席自体が狭い。奥にいる彼女はこのやり取りに興味ゼロ、そして彼氏は新たにポテチの袋をあけてバリバリと食べ、長い足を私のエリアにまでめいっぱい伸ばしてふんぞりかえっている。ツンツンと彼の左肩を叩いて、

「私の足元のスペースに侵入しないでくれる?」と言い返せばいいかもしれないが、それはできない。もうこれ以上変な争いごとに巻き込まれるのはごめんだ。足も頭も動かさず、そっと狸寝入りをするが、しばらくすると右肩にまたあのリズム。とんととん。

「枕はこう使うんだよ。まだ近い。君はもう動かないで。わかった?」

言いながら、大きな太い腕を伸ばし座席に備えつけられた枕をぐいっと折り曲げてきた。右も向いていないし、ひじ掛けも使っていないのにまた注意された。機内は満席。ここで言い争って

も、代わりの席はない。悔しい気持ちでいっぱいになる。どんなに素晴らしい人でも2割の人からは嫌われるというから、我慢するしかない。そんなことばかり考えて5時間30分を過ごした。

一通り機内での出来事を妹に伝え、「こんな目にあうのは私ばかり」ととぼとぼ歩いていると、

「それはいつもの私のセリフ」と妹。

そう、飛行機に乗れば、隣の席の人がいきなり大声で踊り歌い狂う人だったり、何も怪しまれることはないのに、無差別に行われる持ち物検査に引っかかったりと、普段から変な目に合うのは我が家では完全に「まゆの役目」と決まっているのだ。いつもと逆の立場になった妹はそう言いながらこんなに面白いことはないとばかりに笑っている。身体はぐったり。あぁ、早く眠りたい。

アルコール消毒

そんな苦労の末、ようやくメキシコ最大の都市である「メキシコシティ」にたどり着いた。カナダともアメリカとも異なる雰囲気を持っている。都会ではあるものの、いわゆるビジネススーツを着ている人は少なく、とにかく街は賑やかだ。街歩きもしたいが、こんな日はまずお酒だ。すぐにホテル近くのバーに入りビールを注文した。注文したのはメキシコのインディオビール。お酒が来る前から、妹に言っても言っても言い足りない機内での鬱憤を毒づいていると、しばらく

して白いぴちぴちのTシャツを着たお姉さんがビールを持ってきてくれた。

「サルー！（乾杯）」

スペイン語で妹と高らかに乾杯を叫び、グラスを合わせた。乾杯文化の発祥については所説あるが、その一つに毒の混入を調べるためだったというものがある。お互いのグラスを勢いよくぶつけることで、お互いの飲み物が混ざり、それで信頼の証明をはかっていたとか。またその他の説として、グラスをぶつけ合った時に出る高い音が悪魔を祓うと考えられていたというものもある。毒……、悪魔祓い……。今ではそんな宗教的な意味合いでお酒を飲む人はいないだろうが、こんなに見知らぬ人に嫌がらせを受けたのは悪魔でも憑いているせいなのではないかと勘繰ってしまう。うーん。ならば、祓うためにも飲むしかない。しかも、メキシコのビールは非常にさっぱりしていて飲みやすい。おつまみに頼んだタコのセビーチェを堪能しながら、ぐいぐいと飲み続ける。数時間後、いい感じに酔っぱらった私は機内で起きた騒動が嘘かのようにすっかり上機嫌。どうやら毒も抜けたようだ。あながち乾杯文化の悪魔祓いというのは嘘ではないのかもしれない。

転生してみたら街が骸骨だらけだった件

街中が骸骨であふれている。あっちを向いてもこっちも向いても骸骨。終いには、上を向いても骸骨。空いっぱいに骸骨の模様をした旗がはためいている。風になびく旗同士がすれた音が、骸骨のケタケタケタケタという笑い声のように聞こえる。屋外だけではなく、屋内にもいたるところに骸骨の置物が飾ってある。この世界はどうしてしまったのだろう。メキシコシティに来たはずだったのに、私は異世界に迷い込んでしまったのだろうか。

だが、もちろん異世界に迷い込んだわけではない。これがメキシコシティのど真ん中の街並みなのだ。我々がこの地に来たのはメキシコの伝統的なお祭りのシーズン。毎年10月終わりから11月頭にかけて開催される「死者の祭り」というお祭りだ。この期間には死者の魂が戻ってくると言われており、みんなで祈りをささげる。簡単に言うと、メキシコ版のお盆みたいなイベントだ。だが、日本のお盆と違うのはその雰囲気。死者の祭りの期間、街は陽気な雰囲気でつつまれている。流れる音楽はアップテンポのラテンミュージック。祭壇には故人が好きだった様々なものがカラフルに飾りつけられ、集まった家族や友人たちは賑やかに個人の思い出を話し、食事をしている。弔い方も国が違えばまったく異なって面白い。我々がメキシコに訪れたのはこの祭りの数日後だったため、街中にはまだその飾りがつけられたままだったというわけだ。

中心部にある「ソカロ広場」。正方形の形をしたこの広場は240平方mもあり世界最大級の面積を誇る。かつてはアステカ帝国の神殿もあったというこの辺りの地区は世界遺産に指定されていることもあり、威風堂々とした風景はまさに首都という感じ。

広場の中心には、ビルの2~3階分くらいの高さの櫓が組まれ野外祭壇が建てられている。ジャングルジムのような見た目だ。そして、櫓には故人の写真、写真の周りに飾られているのはめいっぱいのマリーゴールドの花と、目の周りがピンクやら黄色に塗られ、赤いマニキュアまでしている骸骨のオブジェ。メキシコ人は明るくフレンドリーな印象だが、亡くなってもなおそのラテンの印象のままなのがまた素敵である。マリーゴールドの花言葉は「悲嘆」「絶望」。また「変わらぬ愛」という意味もあるのだそう。骸骨というとどうしても暗く怖い印象を抱きがちだが、そんな風にまったく思わないのは故人への愛を表すこのお花の力なのかもしれない。こんだけ明るい雰囲気なら、もし自分がふとしたことで亡くなっても、年に1度現世に戻ってくるのが楽しみになりそうである。

夜になると、祭壇に置かれたろうそくに火が灯る。その瞬間、明るかった広場の雰囲気が一気に夜の雰囲気へと姿を変える。ろうそくの光が広場の周囲にある歴史的建造物をゆらゆらと揺らしながら照らす。ロングドレスに身を包んだ骸骨メイクの人が優雅にすぐ横を歩いていく姿を月あかりが見守っている。現実と非現実が入り混じったような風景は、黄泉の国に迷い込んだような錯覚に陥る。観光客が骸骨メイクの人と写真を撮る姿を見て、ようやく現実に引き戻される。それでも幻想的な風景を醸し出している広場を見ていると、摩訶不思議なことが起きるような気がしてしまう。

朱に交わればシュシュシュシュシュシュ

「いけぇええええ」

隣でまゆが狂ったかのように叫んでいる。こんな状態の妹の姿は珍しい。

我々は「ルチャリブレ」というメキシコ版のプロレスの試合を見に来たのだ。思い返せば、数ヵ月前。我々はシアトルにいた。そして、野球場の目の前のホテルに泊まっていたのに野球観戦をしなかった。代わりにした街歩きは楽しかったものの、ユニフォーム姿で楽しそうに帰路につく観客たちと通り過ぎた時、我々の心にはなんともいえない後悔の気持ちが押し寄せた。あの時抱いた後悔を忘れてはいけないと、今回のメキシコ旅行はまず最初にルチャリブレの観戦の予定を組み込んだのだ。観戦チケットにはスペイン語ガイドツアーと会場までのバス送迎もついていた。ツアーの受付時間まではまだ時間がある。ホテルで時間をもて余していると「これ着て」と、妹から何かを渡された。渡されたのは真っ赤な色のTシャツ。広げてみると、表側にでかでかと漢字で「一番」と書かれている。これは、アメ横とかに売っている昔懐かしい一番Tシャツだ。

「え、なんでこれ着るの?」

「これが格闘技を見にいく時の正装でしょ」

妹はドヤ顔でそう言い、その手には色違いの黒い一番Tシャツ。格闘技観戦の正装って何なのだろう。というか、妹はいつどのタイミングでこのTシャツをゲットしたのだろう。カナダ、いや日本だろうか。色々な疑問は浮かぶものの、とりあえず言われるがまま一番Tシャツを着る。うん。なんとも言えないダサさだ。メキシコで日本語を読める人はいないだろうが、それでも妙に恥ずかしい気持ちでいっぱいだ。

時間になり、受付に行くと日本人は私たちだけ。これなら、Tシャツの文字の意味は誰もわからないだろう。ところが、ルチャリブレの選手と見間違うほど大柄のツアースタッフが、何故か先ほどからじっと我々のことを見ている。そして、

「イチュウゥィィバァーーーーーーーーーー」

と、大声で叫んだ。ものすごい迫力。このツアー独自の歓迎スタイルだろうか。言葉はスペイン語だろうか。大柄のスタッフはとびきりの笑顔を向けながら、我々が着ているTシャツを指さしている。そして、もう一度「イチィィバァッーーーーーーーーー」と叫んだ。その時初めてわかった。彼はさっき「一番」と言っていたのだと。なんで読めるのだろう。すると、今度は日本のプロレスラーたちの名前を次々に挙げた。どうやら日本のプロレスはメキシコでも人気

なのだという。日本からメキシコに留学に訪れるレスラーも多く、その繋がりもあり日本語が少し読めるのだという。彼は他のスタッフも呼び寄せ、私たちのことを話し、一気に我々は人気者。さっきまで恥ずかしい気持ちでいっぱいだったのに、このTシャツを着ていたおかげで思いがけず交流もでき、一気に得意げな気分だ。

2階建てのオープンバスに乗りこむと、座っている人全員が覆面をかぶっている。怪しい。体格がいい人が多いせいか、銀行強盗でもしに行くような雰囲気が漂っている。実はバスツアーの参加特典として覆面マスクがついていたのだ。我々ももらった覆面をかぶり、銀行強盗の仲間入りをする。だが、我々が被るとおとぼけ感が強い。これじゃ見張りくらいにしかならない。このバスツアーでは覆面以外にさらにもう一つサービスがついている。小さいコップに注がれた液体。メキシコ名物のテキーラだ。それが一人1杯ついているのだ。覆面をつけたまま妹と乾杯。

「サルー！」

銀行強盗の決起会である。

ぐいと飲み干すと、私がお酒が弱いことを知っている妹は目を丸くしている。

「ゆーみが、テキーラを飲んでいる。しかも、飲み干した……」

「だって、これってそういう飲み物でしょ」

ドヤ顔でそう答えるが妹は怪訝な顔をしている。

日本だとテキーラはパーティー好きの飲み物に定着してしまっているが、本場だとテキーラはゆっくり嗜む飲み物なのだという。だが、そんなこと知る由もない私は一気飲みをし、完全に酔っぱらってしまった。眠気をさますため、覆面を外し夜風に当たる。ツアー会社の人が街のガイドをしてくれているが何も頭に入ってこない。そもそも、酔っぱらっていなくとも、スペイン語で話しているから何を説明しているのかわからない。普段は同時通訳をしてくれる妹も聞くのに必死で私に内容を説明する余裕はない。そうして寝て過ごしていると、いつの間にかバスは停まっていた。

YOUは何しにメキシコへ？

バーの店員さんやタクシーの運転手さんたちにメキシコに来た目的を聞かれ、「ルチャリブレを見にきたの」と答えると、聞いてきた誰しもが「最高、なんていい旅をしているの」と言い、笑顔を向けてくる。だが、私はそれが不思議でならなかった。だって、日本に訪れた外国人に来日の目的を聞いて、その答えが「相撲を見にきた」というものだったとしても、私には彼らのようなリアクションはできないと思ったのだ。両国で相撲をしているのはわかっていても、詳しい説明はできない。実はメキシコシティには妹の友人が住んでいて必ず会おうと約束していたのだが、彼が唯一空いていた日はルチャリブレ観戦の日だった。悩んだ挙句に、その事実をそのまんま妹が伝えると友人は「それは絶対ルチャリブレを優先すべきだよ、むしろ絶対見に行ってほしい」と言ってきたのだ。メキシコ人にとってルチャリブレはまさに国民的スポーツなのだろう。会場はもう目の前。ルチャリブレの何がそこまでの魅力なのか、自分の目で見て探れるのが楽しみだ。

会場の外にはたくさんの屋台が出ていて賑わっている。売られているのはレスラーたちのマスク。ペラペラ生地の手に取りやすい価格帯から、プロ仕様の頑丈なものまで様々なタイプが並んでいる。既にツアー特典でもらった覆面マスクがあるというのに、煌びやかなそれらを見ていると必要ないのに買い揃えたくなる。早くも楽しい。

会場に入るとど真ん中にど派手に大きなステージが組まれている。そして、次の瞬間大音量のラテンミュージックが流れ、ライトで照らされた花道を女性ダンサーを引き連れたレスラーたちが入場していく。その姿はまさにスターそのもの。かっこいい。さっきまで眠かったことも忘れて一気にテンションが上がる。細かい試合のルールはわからないが、楽しい。会場内には日本の野球場のように売り子のお姉さんがまわっていて、ポテチや飲み物を売っている。観客たちはそれを食べながら、入場したレスラーたちに向かってめいっぱい声をあげ、拳を上げ、応援している。バク転やらバク宙などを次々に繰り広げるアクロバティックな技々。思わず我々も声を出す。だが、それ以上に魅力なのが、選手一人一人のキャラクター。試合展開と選手の動きだけで、選手がどんなキャラクターなのかがわかってしまう。ヒールと言われる悪役だけではなく、女性っぽい一面を兼ねそなえた選手がいたり、動きが素早い選手がいたり全員が全員個性的だ。でもだからこそ、観客たちはそんな色んなキャラクターの選手たちに共感し、リングに上がっている彼らに自分の姿を投影してここまで熱狂的に応援してしまうのかもしれない。

「どっちも頑張れー」

思わずそう応援しながら、ふと考える。軽い気持ちで見にきただけのルチャリブレがこんなに楽しめるのだから、きっと相撲も楽しいに違いない。日本に帰ったら早速観戦しに行こう。

綺麗なものには棘がある

「わぁ！　右側を見て！」

山の斜面に立つカラフルな家々が過ぎていく。通りすぎたのは「エカテペック」というメキシコシティからほど近い街である。街の名前の意味は風の吹く丘。「風の谷のナウシカ」を連想させるような街の名だ。あのアニメでは小型飛行機や動物に乗って移動していたが、この街での移動手段は丘の斜面を利用したケーブルカーだ。元々このあたりは普通のコンクリート造りの家ばかりだったのだが、景観をよくして観光地化しようと積極的に政府が励んでいるのだという。実際にメキシコにはカラフルな街づくりで観光客を呼び寄せることに成功しているグアナファトという町がある。そこに倣うべくペンキをわざわざ各家庭に政府が配っているのだという。写真映えを狙った観光客を集めようとしているらしいが、集客の手段が大胆でなんともラテンっぽい。

メキシコは日本に比べると物価が安い。市内をくまなく走っているメトロはどんだけ乗っても30円程度。屋台のタコスも100円も出せば買うことができる。そんな中でも、このエカテペックの街の物価はとびぬけているという。この街に多く住むのは中南米からの移住者。彼らがここを選ぶ多くの理由は家賃がメキシコシティの半額以下だから。メキシコシティのアパート1室分の家賃で、ここでは1軒家が借りられるらしい。そのため引っ越ししてくる人も多いのだとか。だが、中には不法占拠者もいて、麻薬密売や強盗殺人も多いらしい。だかそう言われても、車窓から見える景色は相変わらず色とりどりで治安が悪いようには見えない。むしろ、そんな危険なことをしている人たちがピンクやら真っ黄色やらのカラフルな家に帰るところを想像すると、途端に人間らしくかわいく思えてしまう。これも人間の二面性の表れなのだろうか。不思議な街だ。

夢と魔法のメキシコ文明

「メキシコ人はみんな皮のブーツを履いている」

旅立つ前、妹はバンクーバーの家で荷造りしながらそんなことを言っていた。確かに、メキシコシティの街中では皮専門の靴屋を多く見かける。だが、だからといって現地の人々が皆皮のブーツを履いているというのは語弊がある。時期の問題だろうか。「前回来た時は、すれ違う人皆ブーツだった」と妹は言うが、ブーツどころか、みんなサンダルである。だが、妹はかさばるブーツをわざわざこの旅行のかかせない荷物の一つとして持ってきた。しかも、2足も。なんでも前回メキシコに来た時に購入したものなのだとか。これまで履く場面がなかったのだが、今日はメキシコシティ郊外に遠出の日。しかも、車での移動ということで妹は意気揚々と皮ブーツを履いてきたのだ。

エカテペックの街を過ぎたのも、もう数時間前。周りには建物がなくなってきて、ぽこんぽこんとサボテンが生えるのみの道になってきた。目的地が近づいた合図である。今は周りには何もないが、当時はここに20万人以上もの人が住んでいたらしい。目的地はピラミッドがある「テオティワカン遺跡」だ。

車を停め、遺跡探訪をスタートする。遺跡は思った以上に広い。テオティワカンは「神々の住む場所」という意味を持つらしい。この遺跡を見つけた人が廃墟となっていた遺跡をみて「こんなに立派なものは人間が作ったのではなく神様が作ったものに違いない」と言ったのがきっかけだという。この遺跡を建設したテオティワカン人は文字をほとんど持っていなかったため、彼らがどこからきて何故滅亡したのかわかっていない。謎が多すぎてこの遺跡に住んでいたのは宇宙人だという説が出たり、本当に神が住んでいたのではないかという説まである。今だに様々なミステリーに包まれている場所である。

入ってしばらくして目に飛び込んできたのは、羽毛がはえた蛇みたいなものが天に向かっていく絵。ここは「ケツァルコアトルの神殿」。これはアステカ神話の農耕神らしい。

次の部屋に行くと今度の壁は赤いジャガーがほら貝をならしている様子が描かれていた。ここは「ジャガーの宮殿」。渦巻きがあるほら貝は、風と雲をよぶ力があり、雨をもたらすと思われていたという。また壁画には鳥も描かれている。これは、幻の鳥ケツァールではないかという説がある。色彩が豊かな鳥で、世界で最も美しい鳥に選出されたこともあるのだという。普段は標高5000mくらいのところを飛んでいるが、雨季になると標高2000mほどのこの地に来るらしい。そのため雨を呼ぶ鳥と呼ばれている。鳥にしろ、ほら貝のジャガーにしろ、とにかく豊作とそのための雨乞いが当時の人々の生活の中心だったことがよくわかる。

ただ、一方でケツァールにしては尻尾が短いという意見もあり、インコ説もささやかれている。

きっとインコなら「モウスグ雨ダヨ」と喋って伝えたに違いない。

テオティワカンの付近には、未発見の遺跡がまだまだ眠っていると言われている。だが既に世界遺産に認定されているため、もう掘り進めることができないとのこと。自分が今立っている地面の下に未解明の文明や遺跡があるかもしれない。そう考えるだけで夢が広がる。

もしインコだったらこうしたに違いない、なんて妄想を膨らませるのも、解明されていないからこその楽しみ方だ。ミステリーはミステリーのままでも面白い。

世界三大ピラミッド制覇

今年のはじめには一人でエジプトに行った。今回、メキシコにも訪れたことで2019年だけで世界三大ピラミッドを制覇したことになる。だが、ピラミッドというとメキシコの印象はなく、エジプトのみを思い浮かべるという人が多いのではないだろうか。私にエジプト行きを進めていた母も、メキシコでピラミッドに行こうと思っていると告げると、「エジプトで本場のピラミッド見に行ったばっかりなのになんで行くの?」と言ってきた。そして、妹には「エジプトも行っていないのに、メキシコのピラミッドに行くの?」と言った。だが、どうしても私はメキシコでもピラミッドを見に行きたかった。マヤ文明についての知識はないけれど、数ヵ月前にエジプトで見たピラミッドは強烈な印象を私に与えていて、絶対メキシコも面白いに違いないと思ったのだ。

この遺跡にあるピラミッドは二つ。「月のピラミッド」と「太陽のピラミッド」だ。最初に行くのは「月のピラミッド」。目の前にそびえ立つそれは、ピラミッドと聞いて誰もが想像する三角形の形はしていないし、かといって名前にある月のような形をしているわけでもない。なんだか不思議なピラミッドだ。エジプトのピラミッドと横幅は同じだが、高さは半分程しかない。このピラミッドの高さの違いは、建てられた目的の違いによるものらしい。エジプトはお墓として作られ死者が祀られている。一方、メキシコでは神殿として作られた。

当時のメキシコは太陽信仰の時代。神官が祈りを捧げるためには、太陽に近いが日々神官が登れる程度の高さにする必要があった。そのため、メキシコ版のピラミッドには階段があるというわけだ。エジプトは登るのを禁止されているが、メキシコは今も頂上まで登ることができる。空まで続く階段。急で幅も狭く、見た目の角度はほぼ垂直。何千年もの昔の人が見ていた景色はどんなものなのだろう。その気持ちを少しでも知りたいと階段に足をかける。

少し前を歩く妹はブーツでひいひい言っている。

「そんなの履いてくるからだよ」

と言うが、しばらくして自分も息遣い荒く辛い声を出す。今日の私はサンダルを履いてきてしまったのだ。ヒールはないものの足への負担が半端ではない。これでは妹のブーツをバカにはできない。太陽がじりじりと照りつける中、途中一休みできるような踊り場もない階段を二人、汗をかきながら登っていく。一番上までなんとか到達すると、風が吹き抜けなんとも気持ちがよい。周りに高い建造物がまったくないため視界を遮るものがなく、奥の奥まで見渡すことができる。最盛期は20平方km、港区ほどの広さだったという。大きな広場。小高い舞台。そして、舞台を囲むように建っている遺跡。ぐーんと伸びた死者の大通りは、日本の神社の表参道にも似ている。見えるすべてのものが、太陽の眩しい光を受けエネルギーに満ちあふれている。当時の人が太陽を信仰の対象とする気持ちが少しわかる。風を感じながら、昔の人たちが見た景色を思い浮かべる。

月のピラミッドから降り、死者の大通りをまっすぐ歩いていると、先程のものより高い「太陽のピラミッド」が見えてくる。やっぱり三角の形はしておらず、太陽っぽさもまるでない。大きな台形のピラミッドがそこにはあった。頂上までは248段。東京タワーの階段が600段。ピラミッドの下では登るのを断念したお年寄りが家族や友人の帰還を待っている。だが、私ならこの段数は余裕だ。そう思っていたのだが、まだ半分も登っていないのにすごく疲れる。どうやらここの標高が高いため疲労度も高くなるようだ。おまけにさっきの月のピラミッドで登り降りした疲れもある。頂上にやっと着くと、真っ青な空にぽよんと浮かぶ白い雲が、我々に賛辞を送っている。今は真っ平で何もない太陽のピラミッドの頂上だが、かつては神殿が建っていたという。日々ここでも神官が祭祀を行っていたというが、彼らも息をきらして登っていたのだろうか。疲れきっているのは年のせいなのか。それとも靴のせいなのか。地上を見つめる。また降りなきゃいけないのか。世界一の登れるピラミッド。登れることに喜んでいた数時間前の自分を叱りたい。登って降りて……登って降りて。あぁ、しんどい。思わず助舟を求めて神頼みでもしたくなる。

私の特殊能力はもの忘れと能天気

一つだけ特殊能力を得られるとしたらどんな能力が欲しいだろうか。一気に目的地までジャンプできる脚力、暗闇でも物体を明確に見ることができる視力。目の前の相手の考えがすべてわかる透視能力。一度見たものを忘れない映像記憶力。妄想は尽きない。私には腕に3ミリ程度の青い痣のようなものがある。大きさは小さいもので、まったく気にはしていない。

「選ばれしヒーローの証。いつか同じマークの人が集められて世界を救うの」

それどうしたのと聞かれる度にこう答えていたのだが、あながち冗談ではなくいつの日かヒーローとして呼び寄せられる日がくるのではないかと考えている。相手はわからないが、丸腰で戦うわけにはいかない。きっと、そんな時は「何かしらの」特殊能力が開花するはずである。

太陽のピラミッドから降りると、お土産屋さんが並んでいる。伝統の刺繍が手縫いされたブラウスや、幾何学模様の布。カラフルな骸骨。かつては、人々が祈りをささげるために集まっていた広場は、今では地元の人たちが民芸品を売る場所へと様変わりし、昔と形は変わったものの人々で賑わっている。押し売りするような空気もなく感じがいい。

「お姉さん。ちょっとウチの店、見ていきナヨ」

片言の日本語で声をかけてきたおじさんに案内されたお店に並んでいたのは石のアクセサリー。黒く艶々としているが、太陽の光に当たると緑とも紫とも言えないなんとも妖しくも美しい色を放つ。どうやらこれはメキシコ名物の黒曜石らしい。天然のガラスとも言われ、削り方によって色合いがまったく異なってくるのだという。黒曜石の石言葉は「不思議、潜在能力の開花」。潜在能力の開花って、やっぱりヒーローとして特殊能力が開花するということだろうか。何の能力だろう。今は語学力がほしいが、なんでもいい。元々神々が集う場所と言われていたピラミッドのすぐそばで売られるお土産品としてこれ程適切なものはないだろう。買えばなにかしらのご利益がありそうだ。一気に興味が高まり、結局お店のおじちゃんが言うがままアクセサリーを購入。思いがけないものを買ってしまうのも旅の醍醐味の一つだ。あれから2年。今のところ潜在能力が開花され、特殊能力が現れた形跡はない。いや、そもそもそういえばあの時買ったアクセサリーどこにしまったかなぁ。

メキシコ料理と小人のマリアッチ

市内に戻る途中のレストランでちょっと遅めのランチ。今日はメキシコ料理のブッフェである。メキシコ料理というと、定番のタコスやトルティーヤチップスと食べるワカモーレなどが日本では有名である。だが、モレ・ポブラーノという鶏肉の煮込み料理や、ケサディーヤやポソレ。炒めたピーマンのような見た目のサボテンのサラダなどもある。ブッフェ台に並べられた代表的なメキシコ料理をあれもこれもと取りながら歩いていると、スープ台の前にいた妹が私を呼ぶ。

「ゆーみ、こっち来て。見てみて！」

そうして、スープ台を指さす。言われるがまま、スープが入っている鍋を覗き込むと赤いスープだった。とうもろこしと肉が煮込まれている。さらによくよく見ると、なにやら肉でも魚でもない具材が浮かんでいる。

「これなんの具？」

「すくってみればわかる」

妹が言う通りにおたまで掬いあげてみると、たくさんの煮豆と共にその黄色の物体が現れた。それは、なんとバナナだ。あったかいスープにバナナとはどういうことだろう、見慣れなくてびっくりしてしまう。急いでテーブルに戻り、思い切って口に入れてみると、見た目の印象とは裏腹に辛さもなくさっぱりとしていて食べやすい。

ショッキングピンクのテーブルクロスの上に置かれた他の料理も、カラフルで見たことがないものばかり。そこにさらに顔のサイズ以上もあるジョッキでオレンジジュースが運ばれてくる。お皿でいっぱいになったテーブルはより一層華やかだ。しかも、何を食べても美味しい。1回目でかなり量を取ったにもかかわらず、何度もおかわりを取りにいってしまう。

メキシコは本当に素敵な国だ。街並みが綺麗で、出会う人が皆明るくいい人ばかりというだけでも十分いい要素なのに、おまけに料理がなんでも美味しいのだから、もう最高過ぎる。ここにいるだけで心に彩りが出る。そんな風に思いながら食事を楽しんでいると、突如店内に楽器を持ったおじさんたちが入ってきた。闘牛士のような白と黒の全員お揃いの衣装を着ている。そして、食べているすぐそばで生演奏をはじめた。彼らは「マリアッチ」というメキシコ音楽を演奏する楽隊。このお店の名物らしい。男性のみの編成で、バイオリン、ギター、コントラバス、トランペット、アコーディオンなどの楽器を演奏しながら歌を歌っている。メキシコ音楽特有の陽気なメロディに合わせて、店内のテーブルのあちこちから手拍子が鳴りはじめ、それに合わせておじさんがギターをかき鳴らす軽快な指の動きが、小さな小人たちが踊っているように見える。おじさんたちが楽しく演奏すればするほど、大きなお腹の上で繰り広げられる昼間のダンスパーティーは盛り上がっていく。なんと楽しい空間なのだろう。やっぱりメキシコって最高だ。

チェックイン時間に気を付けて

「かっ飛ばすから、安心しな」

「グラシアス（ありがとう）」

「姉ちゃん、スペイン語上手だね」

「ポコアポコ（ちょっとだけね）」

タクシーの車窓からはメキシコシティの街がもの凄いスピードでかけぬけていく。

話は数時間前にさかのぼる。のんびり街歩きしている時だった。小腹もすいて屋台のタコスでも食べようかと思っていたところ、携帯を見ながら隣を歩いていた妹が突然慌てふためきだしたのだ。今日はメキシコシティからグアナファトという別都市に飛行機で移動するためこれから空港に行く必要があるのだが、なんと我々が乗ろうとしている航空会社はチェックインを出発3時間前までにしなければならないルールになっているという。通常国際線は2時間前。国内線は1

時間前にチェックインすればいいと言われているが、このルールは航空会社ごとに異なる。「やばい。飛行機、間に合わないかもしれない」

「え？　なんでよ。大丈夫でしょ。まだまだ時間に余裕あるじゃん」

我々がするのはメキシコ国内間の移動。そのため、そこまで早く空港に行く必要はない。妹は国際線と勘違いしているのではないだろうか。

「私たちが乗るのは国内線でしょ？」

「そうだけど、見てよ。ほら、3時間前ってWEBサイトにも書いてある」

「あら、ほんとだ」

「これはやばい。非常にやばい」

「きっとどうにかなるって〜」

ネットには3時間前と書いていても、余裕をみて長めの時間を書いているだけで、実際はなんとかなるのではないだろうか。だが、妹の焦りは止まらない。明らかに現役で外資系航空会社に勤務する妹が焦っているくらいのことだから、確実にやばい状況なはずなのだが、この時の私は「メキシコの人たちは明るくてとっても親切な人ばかり。根拠はないけれどきっとどうにかなる」と変わらずのんびりとこの事態をとらえていた。

いけない」

「本当に間に合わないかもしれない」

「最悪、グアナファトに行くのをやめて、もう何泊かメキシコシティに滞在することも考えなきゃいけない」

妹はあーでもないこうでもないと、ぶつぶつと隣で呪文のように唱えている。

「私メキシコシティ好きだから全然いいよ、ご飯もおいしいし」

呑気にそう言ってみるが、そんな適当な発言に付き合う余裕はないとばかりに無視される。ホテルに急いで戻り荷物を受け取り、タクシーをお願いする。するとすぐに感じの良いドライバーのおじちゃんが現れた。

「空港に行きたいんだって？」

笑顔で聞いてきたおじちゃんに妹は、「この飛行機にどうしても乗らなきゃいけないの」「グアナファト行きの飛行機に乗るんだけど、間に合わない？」矢継ぎ早に言葉を重ねる。早口のスペイン語を話す妹を見ておじちゃんは目を丸くしながらも妹の言葉をすべて飲み込むと、

「安心しな、お姉ちゃんのために頑張るよ」

と、軽々と答えた。そして、腕がなるぜといった感じで車に乗り込むと、太い腕でハンドルを握りしめた。そのまま車を走らせると、おじちゃんはあっちのレーン、こっちのレーン、やれこっ

ちの細道と鮮やかなドライビングテクニックを見せる。まさに職人芸。不安げな顔をした我々にバックミラー越しに笑顔を向け「安心しな」と声をかける。なんと素敵なおじちゃんなのだろう。結局、おじちゃんの技術のお陰でチェックインの時間にも無事間に合うことができた。ラッキーなことこの上ない。おじちゃんにお礼を言い、ゲート前でようやく一息つく。妹に「ほら、やっぱりどうにかなったじゃん」と言うと、「私が気がつかなかったら本当に乗れなかったんだからね！」と叱られてしまった。心配性の妹と、楽観的すぎる姉。はて、本当に姉妹だろうか。

妹の世界で一番好きな街

「私、この近くの家にホームステイしていたの」

「え……？」

数年前、妹がスペインのバルセロナにスペイン語留学をしに行っていたことは知っていた。そして、メキシコにも以前に来たことがあるのも分かっていた。だが、メキシコにも留学していたなんて初耳である。無事メキシコシティを出発し、約1時間、かなり小さめの空港に我々は降り立った。到着したのはグアナファト。

「ここは私が世界で一番好きな街」

気分高らかにまゆが言う。そして、久しぶりに来られたと喜んでいる。そこまではよかった。

「え、メキシコにホームステイ？　留学？　なにそれいつしたの？　聞いていない」

「あれー、言ってなかったっけ？」

まぁ……、妹とは去年私が語学留学に行っていたマルタに来てもらうまで10年近くまともに連絡はおろか、会ってもいなかったのだ。知らないことの方が多いのは仕方ないのだが、それにしたってメキシコに留学していたことすら知らないとはよっぽどである。

数年前、妹はスペイン留学後に、このグアナファトでもスペイン語の短期留学をしていたらしい。タクシーが街へと向かう間、妹は地元ガイド顔負けでグアナファトについて説明する。お陰で到着前からだいぶ詳しくなった。タクシーが到着したのは、細長い邸宅風の建物。ここが今回のホテルだ。入り口こそこじんまりとしているが、中に入るとピンクやらオレンジやらの明るい内装で、まるで南国の楽園だ。チェックインを終え部屋に向かう。

もともと高台に建てられているせいか、吹き抜けの螺旋階段をかけのぼると、天空の世界に近づいていっているよう。エレベーターがなくて、階段で荷物を上げなければならないのは少し大変ではあるものの、私はこのホテルがすっかり気に入ってしまった。最上階が我々のお部屋。ドアを開けるとアンティーク調でかわいい空間が広がっている。重みのあるカーテンをつかみバルコニーに出ると、満点の星たちに照らされたカラフルな街並みが現れた。今日からしばらくここが私たちの拠点となる。

夜になる頃

街の中心のファアレス劇場の前にあるウニオン広場。その真ん中にある大きな噴水から勢いよく水が飛び出している。噴水を囲むように植えられている大きな木々も、メキシコっぽいカラフル感もある周りのレストランやお店も、この場所一つだけ切り取っただけでも素敵な要素がたくさんつまっている。グアナファトはどこもかしこもそんな素敵な場所ばかりだ。街をぶらぶら歩いているだけで時間があっという間に過ぎ、暮れなずむと明るい街並みが一気に幻想的な感じに変貌をとげていた。

グアナファト聖母大聖堂を月の光が照らし、なんともロマンティックな雰囲気が漂う。ファアレス劇場の正面玄関をささえるパルテノン神殿を思わせるような太い柱は大黒柱のように町を見守っている。辺りが完全に真っ暗になると、そんな大黒柱の前に伝統的な黒い衣装に身をつつんだ人たちがずらっと並ぶ。彼らは「カジェホネアーダ」というグアナファト特有のマリアッチ。演奏する彼らとそれを取り囲む観光客たちの姿を、オレンジにライトアップした街灯がほんわかと照らす。演奏後にこのマリアッチたちと一緒に夜の街をまわるツアーがあり、大人気なのだとか。軽やかなメロディは紺色の空を突き抜けて丘の中程にあるグアナファトの街いっぱいに広がっていく。聞こえてくる音色。風が当たる。ほろ酔いなのも相まって全部が全部、気持ちいい。噴水近くの広場では、聞こえてくる演奏に合わせて地元民たちが手を取りあい踊っている。噴水の水しぶきも彼らと一緒に踊っているように見える。どこもかしこも辺りをつつむ幸せな空気を感じながら、我々は軽やかな足取りでホテルへと戻った。

チョークアートフェスティバルに遭遇

今朝はいつもと街の様子が違う。皆地べたに座り、地面をじっと眺めているのだ。よく見ると、その手にはペンでもマジックでもないものを持っている。どうやらそれで地面に何かを描いているようだ。どうやら各自決められた枠があるようで、皆その中にイラストを描いている。実はこの日、国際的なチョークアートのイベントが開催されており、これはストリートチョークアート選手権の最中だったらしい。正直、最初はイラストも全然進んでおらず、多くの人たちがただずらっと並んで無言で地面に突っ伏している姿は異様に映っていて、何か怪しい集会ではないかと勘ぐったのだが、チョークアートとわかれば楽しい。途中経過が気になって何度も同じ道を通ってしまうほどだ。

今日は妹のおすすめのお店に案内してくれるという。妹がホームステイしていた時によく通っていたお店らしい。それは大通りから一本離れた道にある陶器屋さんだった。8畳ほどの店内にはカラフルなタイル製の様々な製品が置かれ、四方八方がかわいいで溢れている。やっぱりここでも骸骨の製品が多い。それに次いで置かれているのが、眉毛がつながった女性像の製品だった。これはメキシコ出身のフリーダ・カーロという有名な女性画家の自画像をイラスト化したものなのだとか。独特のかわいさに目を奪われる。それ以外にも日本ではなかなか見ないような華やかな絵柄のお皿も、何百本もお花が飾れそうな大きな花瓶も、そこら中に置かれている小さいタイルもすべて素敵。「かわいい」と思わず声に出しながら製品を見ている我々の様子を、若い女性の店員がにこやかに眺めている。願いが叶うならば、ここに並んでいるまんま全部大人買いして自分の家中に貼り付けて飾りたい。だが、お皿は移動中割れる心配もある。悩んでいると、妹は何枚かのタイルを既に手に取っている。どうやら自分でコースターにリメイクするらしい。なんと素敵なアイデアだろう。

我々が呑気にあちこちのお土産屋さんを見てまわっている間にも一心不乱にチョークアートを描く彼らの手が休まることはなく、気づけばアスファルトの絵はもう完成に近づいていた。カラフルに彩られた地面を横目に、お土産の入った袋を振りながら歩く。

まるでミュージカルの舞台のように、自分の足の裏から色んな色と共に軽快な音楽まで飛び出してくるような晴れやかな気分。さぁ、このタイルは部屋のどこに飾ろうか。帰国はまだまだ先。でも、このグアナファトの街の一部が自分のテリトリーに置かれると考えるだけで笑みがこぼれる。

寝静まる街を丘から見下ろして

街を一望できる丘があるから行こうと妹が意気込んで言うものだから、朝ごはんも食べずに目覚めてすぐにホテルを出た。目的地は「ピピラの丘」。

ケーブルカーで行く手段もあるが、時刻が早すぎてまだ動いていない。前を歩くのは方向音痴の妹。きちんと着くのか不安だが、今日の目的地はわかりやすい。ケーブルカーの頂上駅舎を目印にしながら石畳の道をてくてくと歩いていく。まだ太陽すら昇っていないが、辺りに建つ建物はカラフル。看板も見当たらず不安になりながらも道なりにしばらく歩いていると、壁にべったりとペンキで矢印マークが描かれているのを発見する。そして、その矢印の下には「ピピラの丘はこっち!」と書かれた文字。明らかに、普通の家の壁に書かれている。道を聞かれ過ぎた家主の苦肉の策だろうか。童話の世界の主人公のように目印を頼りに道を進んでいくと、また別の家の壁にも同じ文字と矢印が。矢印を進み続けたら、その先に宝箱でも置かれていそうである。どこかワクワクしてしまう。石畳の歩道、民家から顔を出す野良猫、色彩豊かに聖母マリアのイラストが描かれている教会の壁、白い柵、大事に育てられた花がちょこんと咲いているプランター。なんて楽しい朝の散歩なのだろう。

だが、肝心の丘の頂上が見える気配がない。気分は明るいものの次第に言葉数も少なくなる。相変わらず景色はかわいいものの本当にこの道で合っているのだろうか。なんといっても我々がこの道を行く根拠はあのペンキで書かれた壁の矢印だけなのだ。ようやく階段が見え、景色が少しずつ変わっていく。丘の頂上まであと少しと信じて最後の力を振り絞って階段をのぼっていく。息を切らしながらすべての階段をのぼりきると、目の前に広がる景色に一気に心が沸き立った。

丘の奥の奥の方までずっと続いているカラフルな街並み。彩られている屋根はどれも人工的な色で、自然っぽさはまるでない。街全体の景色にこのカラフルな色がしっくり合っていて、街がずっと昔からこのカラフルな色と共に過ごしてきた時間を感じる。町全体が不思議な魅力に満ちていた。時間が経つと順々に街の東側から朝日が照らしていき、より一層色が映えていく。濃薄が鮮明になった街を見下ろしていると、本当におとぎ話の世界の中にいるように感じた。

丘の上は広場になっていて、大きな男性の像が置かれていた。これは独立運動で活躍した砿夫ピピラを称えた像なのだとか。だが、ピピラの偉業をまったくわかっていない我々は、多くの観光客が必ず写真を撮るピピラ記念像には目もくれず、ひたすら目の前の景色に夢中になっていた。朝のまだ誰も動かないわずかな時間。いつもは元気なこの街を上から見下ろしても車もさほど通ってはおらず、常に賑やかに街を流れている音楽も聞こえてこない。街全体が眠りについているようである。あまりにも静かなものだから、この街を自分たちが独占しているような贅沢な気分になる。そんな特別感を感じながら景色を堪能し、一通り写真も撮り終えて満足した我々はもう一つの目的である朝ごはんのカフェを探しはじめる。この丘の上からの景色を眺めながらどこかで食べられたら最高だと思ったのだ。だが、周りは思った以上に住宅街でお店自体が見つけられない。仕方なく、さっき頑張って上がってきた坂道をぐんぐん下り、街へ出る。すると、ちょうどお店も開店しはじめたところ。いかにも地元民に愛されていそうなお店に入る。ジュースにトースト。食後のコーヒー。目立った特徴もないモーニング。でも、朝から少しハードなお散歩をした後だからか格別な美味しさだ。

食事を終えると、すぐそばのイダルゴ広場では朝市をやっていて地元民で賑わっている。市場があるのは歴史を感じる建物だ。ここは古い駅舎を改修して市場にしたのだという。市場は出入口付近にまで、八百屋や屋台のお店がひしめきあっている。高い天井からさがるたくさんのカラフルな旗が出入口や窓から入った風をめいっぱい受けて、パタパタとはためいている。しばらくすると、そんな市場の横を自転車で通勤する人や通学途中のちびっこたちが賑やかに通っていく。カラフルな街が眠りからさめ、ネジで巻かれたオモチャのように街中がどんどん動き出していく。今日も1日がはじまる。

ミュージカルディナー

私は空腹になると何も考えられなくなる。そしてなんでもいいと言いがちだ。そんな姉の性格を熟知している妹は今宵もレストランでせっせとメニューを広げ、店員のお姉さんとの会話を楽しみながらぱっぱっぱっぱっと食事を決めていく。

「おすすめは？」

「このお店で人気なのはこれ、でも私が好きなのはこれとこれかな。でもこのお酒を飲んでいるならこんなのもいいかもしれないわ」

「じゃあ、それとそれで。あとこれも食べたいわ」

「とってもいいセンス。すぐに持ってくるわね」

そして狭いテーブルいっぱいに運ばれてきた料理の数々。それを妹がぱぱぱっと取り分けていく。取り分け終わるや否や、さっとスタッフがやってきて空になったお皿が片付けられる。妹と店員のお姉さんの一連の動作のタイミングが合いすぎて、リズミカルなペアダンスをしているよう。ちょっとした歌とセリフをつければミュージカルとして成立しそうだ。

「ちなみに、まだ小腹は減ってる？　デザートもおすすめがあるのよ」

「あら、じゃあおすすめ教えてほしいわ」

「これよ。もう私このメニュー大好きなの」

「じゃあそれお願い。あ、さっきのも最高に美味しかったわ。教えてくれてありがとう」

「気に入ってくれて私も嬉しいわ。てか、あなたのピアス素敵ね」

「あら、おほほほほ」

海外のレストランはサービスがよくないという人もいるだろう。特に店員さんの接客態度が日本とは違うという意見もある。だが、私は海外ならではの店員さんの個性的かつ親近感あるこういった言い方がとても好きである。

「今日は姉と来たんだけど最高の食事になったわ、また来るわね」

「そんなによかったのなら、口コミサイトに私のことたくさん書いてもいいのよ」

妹と店員のお姉さんは最後まで冗談を言い合いながら楽しそうにしている。今日も程よくほろ酔い。マリアッチの奏でる音色が辺りに響き渡っている。その音色を聞きながら、いつか私も妹に任せずにそんなやり取りを店員さんとしてみたいとぼんやり思うのであった。

羽を失ったエンジェルズ

やわらかな陽光がアンティーク調の部屋を照らす。ついに、グアナファトを発つ日がやってきてしまった。すっかり顔なじみになったホテルのスタッフの人たちに別れを告げ、ホテルを後にする。名残惜しさを少しでも薄めようとタクシーの窓にかぶりついて、万華鏡のような街の景色を目に焼き付ける。隣に座っている妹も同じように反対側の窓から外の景色をじっと見ている。この街を楽しみつくしたスカッとした気持ちと、もう明日から朝目覚めてもこの景色を見ることはできないことへの寂しさが入り混じる。前回のメキシコシティ出発時にバタバタした教訓を踏まえ、寂寥感を抱えながらも、早めに街を出て空港に向かった。

次の目的地は南東部にあるリゾート地のカンクン。だが、何分たっても、出発時間もゲートの表示もされない。電光掲示板には「遅延」の文字が光っている。早めにチェックインをして、ゲートに入ったのだが、そのすぐ後に遅延が決まったらしい。どうやら悪天候でカンクンからの飛行機が到着していないらしく、早くても出発は数時間後になるという。悪天候のせいで飛ばないというのに、ここから見える空は気持ちいいくらい晴れている。あぁ、運命の女神さまはなんと無慈悲なのだろう。

「こんな時間あるなら、レオンに行けばよかった」

「あそこの街なら革製品のサンダルをゲットできた」

「全然あの街に行って戻ってくる時間はあった」

妹はぶつぶつと隣で独り言を言っている。レオンと聞くと映画を思い浮かべてしまうが、妹が言っているレオンは皮製品が有名な近郊の街のことである。メキシコ国内の皮製品の半分以上がそこで生産されているのだとか。2足もブーツ持ってきているのに、まだブーツが欲しいとは贅沢者である。どうにか今から行ける策がないか探るが、我々がいるのはゲートである。なんでよりによって早めにチェックインしてしまったのだろう。もう何をするにも手遅れである。私だってこんなことならあの可愛いホテルにギリギリまで滞在していたかった。だが、もう後の祭り。無情にも時は流れていく。電光掲示板は相変わらず遅延の文字が光り、今や電光掲示板の存在自体が憎らしい。

「これ、このまま飛行機飛ばないって可能性もある？」

と、妹に聞くと、その可能性はゼロではないという。我々はカンクンに数日滞在した後、直行便でカナダに戻る予定だった。しかも、妹はカナダに戻ってすぐに仕事が入っている。

「カンクンに行けなかったら、どうやってバンクーバーに帰れば……」

「仕事の代わりを見つけるにも、いつからの分を……」

色んなパターンを想定した妹は早速同僚に連絡し、相談をしている。

「出発開始の時刻がわかりましたら、ご案内しますが現時点では不明です」

そんなアナウンスが流れると、ゲートのあちこちの座席から大きなため息が漏れた。根なし草の私はいい。遅い夏休みを楽しもうとこの旅行の計画を立てた妹は隣でしょんぼりとしている。これは、飲むしかない。だが、飲もうといっても、グアナファトの空港内の飲食店はチェーンのハンバーガー屋とコーヒーショップが数軒あるだけ。仕方なく、ハンバーガー屋で瓶ビールを注文。

無理やりテンションを上げ、杯を乾かし続ける。結局、飛行機が飛んだのはこの4時間後だった。

海辺の5つ星リゾートホテル

世界有数のビーチリゾート、カンクン到着！

ざー。ホテルに向かう車の窓を雨がピシパシと大粒のしぶきを上げながら打ち付けている。青い海、白い砂、真っ青な雲一つない空……とは、程遠い前代未聞の大雨が我々を待ち受けていた。ある程度グアナファトにいた時から悪天候の予想はしていたのだが、その予想を上回る嵐である。到着してすぐに何かする予定があったわけではない。もしかしたら、そのうち晴れるかもしれない。それに、遅延した影響で余計に疲れてお腹はぺこぺこである。天気なんてどうでもいいから、ホテルについたらとりあえずすぐに何か食べに行こう。しかも、カンクンで宿泊するのは宿泊料にホテル内の食事代がすべて含まれているオールインクルーシブのファイブスターホテル。お酒だって飲み放題だ。滞在日数が少ない分、ホテルについたら食べまくるしかない。チェックイン後、そんな意気込みでホテル内を闊歩する。だが、

「ごめんなさい、もうラストオーダーは過ぎてしまったの」

「CLOSE」

「CLOSE」

「ごめんなさい、席があきそうにないの」

「CLOSE」

飛行機が遅延したせいで、我々が到着した頃にはもうホテル内のレストランは店を閉める時間になっていた。唯一開いているお店も満席で入店を断られる始末。我々にとってこの雨は恵みの雨にはならない。もう終わりだ……。そう思った矢先、ようやく唯一やっているレストランを見つけた。それはアジア料理レストラン。せっかくカンクンに来たのに、メニューには魚の煮つけやら野菜炒めやら日本っぽい表記が並んでいて、テンションが上がらない。しかし、ラストオーダーまで時間がない。メニューを悩む時間すらもったいない。オーダーを聞きに来たスタッフのお兄さんにラストオーダーギリギリの時間帯に入店したことを謝ると「そんなの気にしないで大丈夫だよ」と優しい一言をかけられる。ついさっき、アジア料理屋じゃテンション上がらないと言ったが前言撤回、ここはめちゃくちゃいいお店である。せめてもと思い、今からでも時間がかからないで簡単に作れるメニューを聞き、作れると言われたものを頼めるだけ頼んだ。

お兄さんはオーダーを聞き終わると、笑顔で「まかしておいて」と言い、

「お腹すごいすいているんだよね。できたらすぐ持ってくるからね」と言葉を続けた。

「ありがとう。そうなの。飛行機が遅延したせいで何も食べてなくて……」

「でも、前菜やメインの順番なんて気にしないでできた順で持ってきていいからね」

「了解。でも、デザートは食べ終わったタイミングで持ってくるよ」

最高の店である。しばらくすると、スタッフ二人がかりで、わんこそばのような勢いで次々に食事が配膳された。閉店時間は気にしなくていいよと言われたものの、少しでも早く食べるため口数も少なめに目の前の食事に全集中する。

「いやー、おなかいっぱいだね」

「あとはデザートか」

正直さっきまで必死で、自分たちが何種類の料理を頼んで、どこまで料理がきたのかもわからない。でも目の前に並んだ綺麗に食べつくしたお皿の枚数を見る限り、きっと頼んだものは全部きたのだろう。そう思いながら、飲み物を飲みながらデザートを待っていると、さっきのお兄さんが大きなお皿を持ってやってきた。

「はーい、レディたち。メインのステーキだよー」

「最後のお客さんだから、残っている具材を全部入れてサービスでもりもりにしたよー」

空腹時の思考回路とはおそろしいものである。我々は無意識でステーキまで頼んでいたらしい。

再びフォークとナイフを手にとる。サービスってどんな感じだろう。ワクワクしながら目の前に置かれたお皿を見ると、そこにはてんこ盛りになった野菜とお肉。本来ステーキのお皿にはのっていなさそうなこま切れキャベツやニンジンがいっぱいで肉が見えない。ステーキというより、もうこれは完全に野菜炒めである。量が多くてヘルシーなのかわからないが、美味しく味わっていると、あのお兄さんが心配そうに「足りた?」と聞きにくる。この野菜炒めには優しさまでつまっていたらしい。ぶんぶん頷きサービスに感謝を伝える。だが、さすがにお腹はいっぱい。デザートをキャンセルしようかと話し合っていると、

「はーい、デザートも持ってきたよー」

お兄さんのはじけんばかりの笑顔。食べよう。とても幸せ。だが、苦しい。

右手にシャンパンおつまみはカリブ海

「明日からどうしようか」

地下水が溜まりできた泉「セノーテ」でのシュノーケリング。新婚旅行で訪れる人が多いという「ピンクレイク」。世界遺産にも登録されている「チチェン・イッツァ遺跡」。カンクンにはそんな様々な心躍らせる観光地がある。だが、我々はこの地でどう過ごすか何も計画していなかった。

というのも、当初ホテルのビーチでまったり優雅に過ごしながらその日どう過ごそうか決めようと思っていたからだ。だから、何のアクティビティの予約もしていなかった。だが、この悪天候。どうやら明日になっても雨は止まないらしい。あちこちにキャンセルの連絡をする手間がかからなかったのはよかったが、やることがなさすぎる。一日中部屋で映画を見てもいいが、せっかくのカンクンなのにもったいない。幸せなことに何も考えられないくらい膨れ上がったお腹を眺めながら、我々は一つの計画を思いつく。そうだ、今の我々に今できることはこれしかない。

翌日。早速計画を実行にうつす。考えついた計画、それはホテルの食事を食べつくすという作戦だ。それじゃ普段食べまくっている我々の日常と変わらないと思うかもしれないが、冷静に考えてファイブスターホテルの食事を食べつくすというのは十分贅沢な過ごし方である。朝食をモリモリと食べ、次は軽くお茶でもしようと館内を歩きまわる。ただ、この暴風雨の中でこんな風に考えるのは宿泊者全員のようで、どこもかしこもレストランは大渋滞、廊下にまで人が溢れている。そんな人々を少しでも分散させようとホテルスタッフは一生懸命マッサージスパの案内をしているが、状況はしばらく変わらなそうだ、出直すしかない。部屋に戻り、備え付けのタブレットをいじっているとルームサービスの画面が現れる。

「ねぇ、せっかくだからルームサービス頼んじゃおうか」

さっき朝ごはんを食べたばかりというのに、画面に出てくる美味しそうな料理の写真の数々に再び食欲がわいて、ベッドに寝ころんでいる妹にそんなことを提案してみる。実はメキシコはバニラエッセンスも有名で品質がいい。まだ午前だがケーキを頼んでもいいかもしれない。二人で半分なら食べられるだろう。

「さっき食べたばっかりじゃん」

明らかに乗り気ではなさそうな妹にとりあえずタブレットを渡してみると、無表情のまま画面をひたすらスライドしている。実際に画面を見たら気が変わったらしい。つくづく似たもの姉妹だ。

数分後、パリッとアイロンがけされた制服に身を包んだスタッフによって物々しく運ばれてきたのはワゴンいっぱいのデザート。その上、シャンパンまである。シャンパンまで頼んだなんて聞いていない。だが、ナイス判断だ。そのままテーブルセッティングをしてもらうとあっという間に私たち専用の貸切レストランが完成した。部屋中に服を干しているせいでかなり景観が損なわれているが、それは見ないふりをしよう。

「せっかくならバルコニーで食べてみる？」

私の発言を最後まで聞かないうちに、妹は壁にかかったバスローブをさっと手に取り、すばやく羽織った。そして、そのまままるでパリコレモデルかのように颯爽とバルコニーへ歩いていった。バスローブを羽織り、片手でシャンパンを飲みながら海を眺める。今日もカリブ海は荒れている。異様なスピードで流れていく雲、大波をつくりながら荒れ狂う海、そして誰もいないホテルのプール。それらを文字通り高みの見物をし、ただただ願う。明日こそは晴れますように。

カンクンの雨は止まない

昨夜の願いが叶ったのか、今日は朝からロングのワンピースに着替え、どこまでもずっと続く白砂のビーチを歩いている。水着に着替えクリアになった海でシュノーケリングやダイビング。餌をあげずとも魚が寄ってくる。キャハハと笑いあう私と妹……。

もし我々がアニメやドラマの主人公ならそんな風に今日を過ごしているのだろうが、残念ながら今朝のカンクンの空は相変わらず厚みがかかった雲で覆われている。これが現実というものである。それでも、とりあえず気分だけでも上げようとリゾート風のロングワンピーズに着替えてみる。だが、行く場所などない。相変わらず荒れ狂う波を眺めながら、バーでお酒を飲みまくる。滞在中晴れることはないだろう。海に潜るどころか、外に出ることすら完全に諦めた。

我々は晴れ女とまでは言わないが、雨女ではない。過去に旅行した時もどうしようもできないほど予報で雨と言われていたのに、実際はくもりになっていた。だが、今回ばかりはそんな運の強さではどうにもならないらしい。妹は少し凹んでいるのか、飲み干したお酒を珍しくおかわりするでもなく、無言でじっと鉛色の空を眺めている。

「雨がおさまった。今だーーーーー」

叫びながら妹が駆け出していった。え、なにが起きたの？　とりあえず妹の後ろ姿を必死で追う。すると、妹はいきなりピタリと止まり、こっちを向いている。どうやら雨が一瞬おさまった瞬間に写真をとろうと画策していたらしい。相変わらずカリブ海は荒れ狂い辺りには強風が吹き荒れているが、強風が長いスカートのすそをふんわり上げて、写真だけ見れば爽やかなことこの上ない。ほんの数分だったものの、キャッキャとふたりで撮り、満足。

再び何事もなかったかのように、食べまくり生活へ戻る。メキシコ滞在もあとわずか。今度はメキシコ料理屋だ。まずはサルサソースがかかったトルティーヤにチーズやポテトなどの具材を挟んで焼いたケサディーヤだ。甘くてもちもちした触感の生地を楽しみながら、思い返してみると、妹とビーチリゾートに旅行するのは1年前にモルディブに行った時以来である。あの時は朝から夕方まで海に入り続けていたが、今回は朝から夜まで胃に食べ物を入れまくり続けている。各国の料理、カフェのコーヒー、ルームサービス、ラウンジの焼き菓子、バーカウンターで出された蛍光カラーの謎のカラフルカクテル。一年で人の生活とはこうも変わるのだろうか。カンクンのファイブスターホテルでオシャレに決め込むはずが、すっかり予定が変わったことで、このままだと見た目もかわってしまう。すべてはこの雨のせいだ。昔ならば、作物が無事に丈夫に育つよう神様に願い、降れば喜ぶ、恵みの雨。だが、今はこの雨が我々をより丈夫にさせそうだ。だが、恨んではいけない。これも神差の思し召しなのかもしれない。仕方ない、晴れるまで食べまくろう。

Para todo mal, mezcal; para todo bien, también; y si no hay remedio, litro y medio.
嬉しい時もテキーラ、悲しい時もテキーラ

結局、食べて寝て飲んで、特に際立った思い出も作れないままカンクンの日々は終わってしまった。カンクンが悪いわけではない、天気が悪かっただけなのだ。だが、メキシコシティもグアナファトも天気がよく、観光も買い物もめちゃくちゃ楽しんだ分ちょっと残念な気持ち。それは妹も同じだったようで、今度来た時こそはここに行こうなんて言いあいながら出国手続きを終えて、免税店へと向か

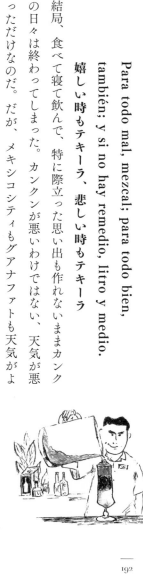

う。免税店コーナーに入るとぱりっとアイロンがけされたスーツを着た人たちがずらっと立っている。ブランド品のコーナーではなさそうだ。そして、通る人たちに何か声をかけている。気になって近寄ってみると、

「お土産にテキーラはいかが？」

と試飲の案内をされた。さすが、テキーラ本場の国だ。しかも差し出されたグラスはショットグラスより一回り以上も大きい。明らかに試飲で飲むような量ではない。テキーラなんて普段まったく飲まないのに瞬時に頭の中で「試飲＝無料」という方程式が組み立てられ、飲まないともったいないと思わず試飲のグラスを取ってしまった。妹はにこにこしながら別の店員さんと会話をしている。妹に飲んでもらいたいがその間に割って入ることは憚られる。だが、一度手にとったグラスを「やっぱりいらない」と元に戻すこともできない。まぁあとはカナダに帰るだけ。覚悟を決め試飲のグラスを一気に飲み干すと、案の定すぐに酔いが回った。鏡を見ずとも自分の顔の状態がわかる。私の顔はすっかり真っ赤だ。おまけに眠い。他のお土産でも見ながら酔いをさまそうとゆったり店内を歩き回るが酔いは収まらない。しばらくすると、別のブランドのテキーラを試飲している妹と遭遇した。

「ゆーみ顔真っ赤じゃん」

駆けよってきた妹に笑いながら、「なんだか眠い」と答えると、

「もう、なんで一気に飲むのよ。あっちで座っておとなしくしてて」と叱られてしまった。

「買い物終わったらそっち行くから、絶対おとなしくしてるのよ」

そんな風に言い放つと、妹は買い物に戻ってしまった。仕方なく言われるがままベンチに腰掛け、妹の姿を遠くから眺める。妹はサービス精神が旺盛すぎる店員さんたちに再び囲まれ、さらに色んな種類のテキーラを試飲し、お土産を選んでいる。味が気に入ったのか、それとも酔っぱらった勢いなのかはわからないが、既にカゴの中にはテキーラが何本も入っているのが見える。どんだけ買うのだろう。しばらくして、買い物を終えた妹は満足げな表情を浮かべながら「カンクンはとってもいい場所ね。また、来ましょ」と言った。まったく、調子がいいんだから。ほんの数十分前まで「カンクンは残念な感じになっちゃったね」と言っていた人と本当に同一人物だろうか。しかも、しばらく歩くと、「あ、これはさっき試飲していないやつ」と再び飲もうとしている。お酒の魔力とは恐ろしいものである。妹が全種類テキーラを買っていくと言い出さないうちに、早くカナダに帰ろう。

旅の恥はかき捨て……？

お酒の魔力は恐ろしいものである。先ほども言ったばかりだが、再度言おう。お酒は恐ろしい。こんな数分の間に何度もお酒の危険性について考える機会があるとは思ってもいなかった。我々はまだカンクンの空港にいる。さっきのテキーラ売りの免税店からは数百メートル程離れたゲートの前。目の前ではカナダ人と思われる三人組の男の子たちが騒いでいる。

「まだまだ飲めるぞー」

「時間ぎりぎりまで飲むぞー」

「うひゃー」

べろんべろんだ。どうやらかなりの酩酊状態。さながら、繁華街にいる終電間近の大学生。だが、ここは渋谷でも新宿でもない。カンクン空港の出発ゲートだ。おそらく、この男の子たちは「旅の最後の思い出に」と空港のレストランでお酒を飲みまくったのだろう。ギリギリまで友人との旅行を楽しみたい気持ちはわからないでもない。このゲート前にいるということはおそらく同じ便。声が大きすぎるが、機内では静かに過ごしてくれればいい。まもなく搭乗開始というアナウンスがあたりに流れ、我々も身支度を整えるべくトイレから帰ってきた、そんな時だった。

「わーーーーーー」

「やめろーーーーーーーーー」

近くで大きな声がして振り向くと、誰かが警備員と空港スタッフに囲まれてどこかに連れていかれている。事件だろうか。何があったんだとその様子をよくよく見てみると、連れていかれているのは先ほどの男の子たち。どうやら搭乗拒否を言い渡され、強制退場させられているらしい。確かにずっと大声でうるさかった。だが、酔っぱらったくらいで強制退場とはやけに厳しい。そう思ってよくよく見ると、連れていかれている彼らの手には空の瓶。しかも高そうなお酒だ。どうやら、彼らは免税店で売られていたテキーラを買い、その場で開けてまるまる数本飲み干したらしい。旅の恥はかき捨て。というが、これじゃ恥どころか本人たちも置いてけぼり。家に帰るまでが旅行というが、彼らの旅はまだまだ終われないようだ。

第五章

アメリカ周遊編2
ラスベガス・ポートランド

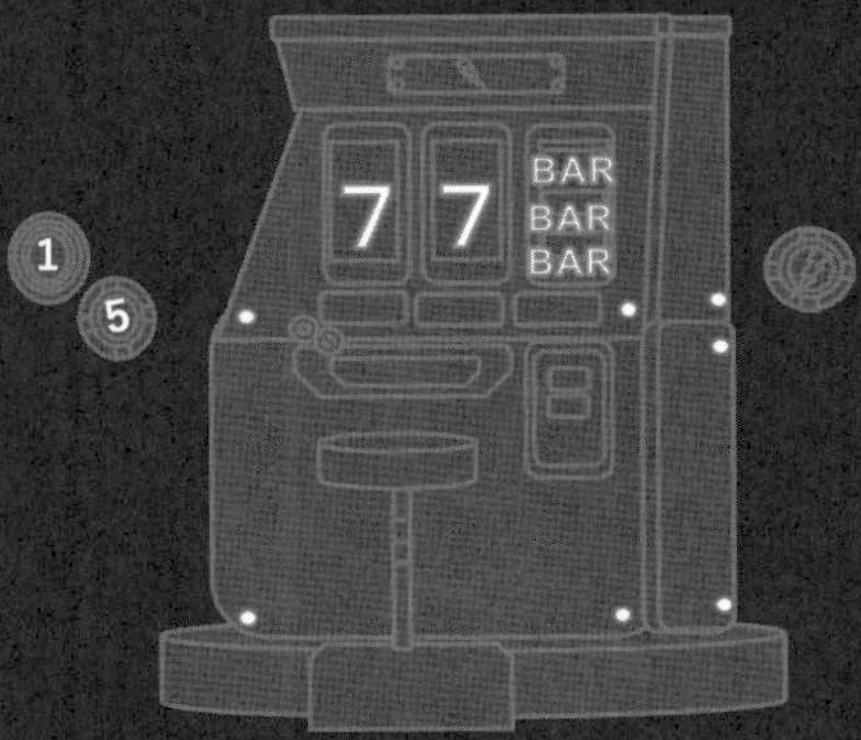

急な休みの過ごし方

バンクーバーに帰って数日が経った。ランニングして、家で掃除や洗濯をして過ごす日々。いつも予定を詰めまくって過ごしていそうに見られるが、そういうわけではない。気づくと日常のルーティンができ、カナダ暮らしも徐々に板についてきた。

「明日休みになったから、ラスベガス行こう」

ベッドに入り、もういつ夢の世界に行ってもおかしくない状態の私に、先ほどからパソコンの画面を食い入るように見つめていた妹が突然そう言ってきた。明日って今何時かわかっているのだろうか。22時である。あと2時間で日付をまたぐじゃないか。大富豪じゃないんだから、そんな時間帯に明日国境を越えて旅行をしようと提案するなんて妹はおかしい。もしや明後日と言い間違えたのではないだろうか。結局、時間も時間で妹の発言が本心なのかも確かめないまま私は眠りについた。

「ちょっと、いつまで寝ているの?」

翌朝、妹の声で目が覚める。

「んー……。あと少し寝させて」

「んなこと言ってないで早く準備して。30分後には空港に行くからね」

「空港……、なんで？」

「言ったでしょ。ラスベガスよ」

妹から放たれた一言に驚愕する。昨日のあれはもしかしたら夢の中の出来事だったのかもと思いながら朝を迎えていたのだが、どうやら現実のことだったらしい。とりあえず化粧をし、せかされるまま歩き、あれよあれよという間に空港に到着する。あぁ、白くて眩しい。いつもよりバンクーバー空港内が明るい気がするのは、朝早い時間だからなのだろうか。それとも、私はやっぱりまだ長い夢の中にいるのだろうか。

ラスベガスには何しに？

そもそも、なんでラスベガスなのだろう。急すぎて行く目的すら聞いていない。妹の頭の中には「これが見たい！」とか「このレストランで食事をしたい」とか、何かアイデアでもあるのだろうか。カバン一つという軽装。これでラスベガスに行くなんて誰も信じないだろう。まだ朝も早いバンクーバー空港は、やけに混んでいて、チェックインカウンターも行列ができている。カナダからアメリカ行きは他の国際線と別になっていて、専用のターミナルに進む。日本からハワイに行く場合、日本で出国審査をし、ハワイで入国審査をするのが通常の流れである。だが、カナダ―アメリカ間はこの流れが異なる。ラスベガスに行くにはアメリカで入国審査をするのではなく、バンクーバーの空港でアメリカの入国審査を先にすませてしまうのだそう。

「NEXT！」

入国審査官のスタッフに強い口調で呼ばれ、パスポートと搭乗券を見せる。

簡単な質問をされる。

「何日行くの？」

「2日間」

「何しに行くの？」

よくぞ聞いてくれた。妹はなんて言うのだろう。審査官以上にその答えに注目していると、

「カ……カジノ」と妹は答えた。

確かにラスベガスと言えばカジノである。カジノは世界に4000施設以上あるが、その中でもラスベガスのカジノはマカオに次いで世界二番目の収益を誇る。妹がカジノをしにラスベガスに行くと答えたのはそんなに不思議なことではない。審査官は質問を続ける。

「あぁ、カジノ。いいね。で、いくら賭ける予定なの？」

「……」

「ん？」

「30ドルよ」

少しもったいぶったように間をとると、妹は決め顔でそう言った。

30ドル。日本円にて約3000円。すくなっ。妹の口から出た答えに思わず唖然。なんでその金額でそんなに気取った顔ができるのだろう。でも、姉妹の考えが同じでないと入国審査員に怪しまれる。そしたら、入国を拒否されてしまうかもしれない。そう思い、急いで表情をただし、「そうよ、私たちは30ドル賭けるためにラスベガスに行くの」とすましこむ。だが、妹の言葉に驚いたのは私だけではなかったようで、入国審査官も唖然とした表情をしている。バンクーバーにもカジノはあるし、まさか30ドルを賭けるためにわざわざラスベガスに行く人がいると思わなかったのだろう。だが、あまりにも金額が少ないと指摘するのも失礼と思ったのか、審査官はそれ以上つっこんだ質問を我々にしてはこなかった。

「ねぇねぇ、カジノしに行くの？」

無事入国でき、二人になったタイミングで妹に尋ねてみる。すると、「え、しないよ」というあっさりとした返事がかえってきた。あまりにも飄々とした妹の言い方に驚いていると、

「昨日行くのを決めたから、ノープランなんだもん。でもそれを言ったら怪しいでしょ」

表情を見て何かを察したのか、ようやく説明しはじめた。

「短期間かつノープランで行くと、密売目的の入国じゃないかと疑われたりもするし」

「へぇ……。密売……」

「そうそう。こっちには色んな悪い人がいるからねー」

「無事に審査が終わってよかったね」

「うん。でもまぁ、せっかくだから本当にカジノしてもいいかも。大金持ちになったりして」

妹はそう言って、にやりとした笑みを浮かべた。

確かに、ビジネスではなくプライベートで行く海外旅行でノープランというのはあまりないことなのかもしれない。かといって、審査員に対する妹のあの応対は、我々の旅行が無計画だということがバレバレだった気もするが、まぁ我々が密売するような風貌には見えなかったのだろう。

アメリカ到着後、面倒な手続きは本当に何もなく終了。妹の急な計画から約半日。私たちは本当にラスベガスに降り立っていた。さぁ一発当ててリッチウーマンになりファーストクラスに乗って帰ってこようじゃないか。

パリで朝食を

目の前にはエッフェル塔がそびえ立っている。妹がなんとなく言った入国の目的カジノ。ものは試しで、あの時に審査官に言った30ドル分だけ妹とテーブルゲームをしようということになり、1点賭けしたらまさかの大当たり。そのまま勝った全額を使ってノリでパリにきたのだ。というわけではもちろんない。賭け事に興味がない我々はラスベガスの街に早くも飽きて、格安航空チケットを予約し、パリにやって来た、……というわけでもない。目の前にそびえ立つエッフェル塔はレプリカである。パリをテーマにしたホテルが作った展望台らしい。レプリカと言えど、本物の約半分もの高さを誇っていて、結構な迫力だ。さらにエッフェル塔の近くには凱旋門まである。綺麗な芝生の中に建ち、鉄筋美が際立つ本場とは違って、ラスベガスのエッフェル塔はネオンに照らされギラギラとしている。まるで見た目はそっくりだけど、性格は正反対の双子のようじゃないか。

窓一つないカジノフロアでは、周りをまったく気にせず各々自分の世界に入り込み、ひたすら大金をつぎ込んでいる。外のお土産屋にはプレスリーやマリリン・モンローの銅像が並び、お菓子コーナーにはいかにも外国っぽい独特の色をした甘そうなグミやキャンディたちが置かれている。ここは本当に同じ地球上なのだろうか。流れゆく雲や星も人工的に見える。ここは、朝も昼も夜もあってないようなものなのかもしれない。

そんな異空間ともいえるラスベガスの中心地を再び歩き、我々がきたのは「ベラージオホテル」。このホテルの噴水が毎日30分おきにショーを行うのだ。音楽も水の吹き出し方も何十種類もあり、毎回似て非なるものを目の前で繰り出す水のダンスショーは何分見ていても飽きることはない。少し移動して、角度を変えては、何度も何度も見る。ホテルのてっぺんまで届きそうな巨大噴水。そして、噴水の奥にそびえ立つあのレプリカのエッフェル塔。壮大な音楽とアメリカ感の強いこの景色に心を奪われ、すっかり気持ちが大きくなる。このラスベガスの景色がカジノ意欲を駆り立てる。

「あなたも一晩でビッグになれるチャンスがここには眠っているのよ」

頭の中に誰かが語りかけてくる。ちょっと1ドル、いや10ドル、100ドルくらい、やっぱり30ドルなら……。それでアメリカンドリームをつかめるなら実質無料かもしれない。ラスベガスに棲む魔物が早くこっちにおいでと私のことを呼んでいる。ネオンがチカチカ光っている。頭がくらくらしてきた。危険だ。お金を吸い取られないうちに退散しよう。

右左下上右右右ラスベガスの迷いマイマイ

今から200年程前のゴールドラッシュ時代に砂漠の中の窪地につくられた街。そこが今や365日24時間明るい不夜城。高層ホテルが軒並み立ち並び、世界で知らない人はいないカジノタウンになるなんて当時の人は思ってもみなかったことだろう。

「スロットマシーン、またお前か」

我々はホテルの中にいる。さっきから出口をずっと探しているのだが、右に行っても左に行っても、なんならフロアを変えても、同じような景色が広がっている。方向音痴な妹でなくても、ここでは誰でも迷子になる。さっきから困り顔をした妹が何度も「どっちが入り口だっけ」と尋ねてくるのだが、私もまったくわかっていない。

我々が泊まっているのは「シーザースパレスホテル」。さっき噴水ショーを見たベラージオホテルのすぐ隣である。客室数はなんと合計約4000室。カジノエリアだけで4万㎡もある超巨大ホテルだ。ホテル名の由来は古代ローマ帝国の指導者カエサル。「ブルータス、お前もか」という言葉を発したことでも知られている。そのカエサルという名前を英語読

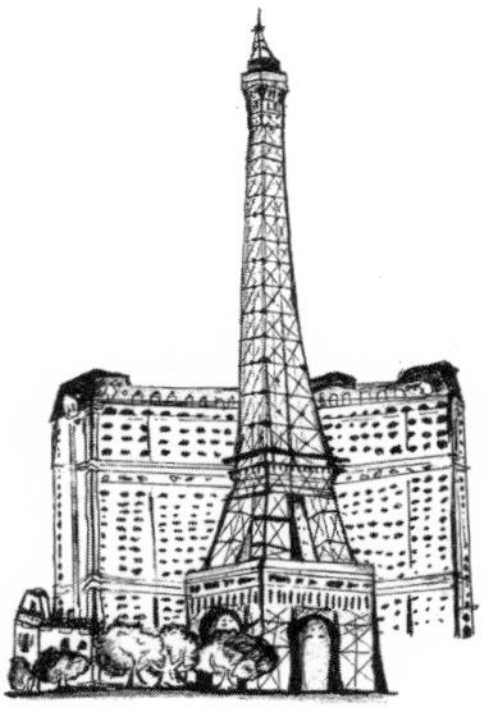

みするとシーザーとなるらしい。そのため、ホテルの柱も神殿建築に使われていそうなものだったり、噴水近くに何気なく置かれている男性の彫刻像も槍を持っていたりと随所随所に古代ローマを感じる内装をしている。どこも同じような景色に感じるのはそんな内装のせいなのかもしれない。

わざわざこんな造りにしているのは、もしかしたら莫大なカジノマネーを容易に盗めないようにするための対策なのかもしれない。確かに、こんだけ広いと無事盗み出せても出口はどこかと迷っている間に警察が来てしまう。盗みが成功するのは映画の中の世界でしかない。だが、我々はカジノマネーを盗みたいわけではなく、ちょっと外に出たいだけなのだ。なのに、今だにスロットマシーンに囲まれている。どうしたものか。

ラスベガスでアビーロード

高級ホテルがずらっと連なる通りを歩くこと10分。ヤシの木や熱帯植物に囲まれた「ミラージュホテル」にたどり着く。この通りはストリップ通りと言い、ここに並ぶ各高層ホテルでは世界的な手品師のイリュージョンから有名ミュージシャンのライブまで色んなエンターテインメントショーが連日連夜行われているのだが、今日はミラージュホテルで行われるシルクドゥソレイユの「LOVE」というショーを見にきたのだ。

このショーは誰もが知るビートルズの名曲にシルクドゥソレイユならではのアクロバットなパフォーマンスを融合させたもの。つまり、世界的にすごい二つをいいとこ取りしている。ロビーにはイギリス国旗やメンバーたちのポスターが飾られ、隣接する売店でも関連したグッズが売られている。

会場に入ると、客席をぐるっと囲むように巨大スクリーンが設置されていて、懐かしのコンサートの映像やら、各国に来訪している姿やら貴重な映像が次々に流れていく。そして、名曲にあわせてダンサーたちがアクロバティックな芸を繰り広げている。

このショーはサーカスとも少し異なるし、ミュージカルのように一つの物語をつくるわけでもない。あくまで主役はビートルズの楽曲だ。そのため1曲1曲の世界観に合ったそれぞれのショーが繰り広げられる。曲が変わると、数分前までとまったく違う空気感が流れ、その中で最上級のパフォーマンスがなされる。いいショートショートの小説をたくさん読んだような充実感とお得感でいっぱいになる。まゆがサーカスを見るのは幼い頃に家族で行った時以来らしく、目を輝かせ、食い入るように見ている。あっちからこっちにジャンプしたり、命綱なしで空中浮遊したり、とんでもなく高い身体能力を持った人たちを目の前に、彼らは同じ人間なのだろうかと思わず考えこんでしまう。
だが、そんなショーを目の前に
「ぐぅーーぐーーーーすぴーーー」
なんと観客の中に寝息をたてている人がいる。これもジョン・レノンたちは「それも自由な音楽のとらえ方」だと笑いながら言うのだろうか。ぐーすかぴーすか。だが、寝息は次第に大きくなる。しかも鼻がつまっているのか、時折ブヒッという豚鼻音まで聞こえてきた。レットイットビーは、自分らしく素直に生きればいいという歌詞だが、自由過ぎるのも困りものだ。

最強のアーケード商店街

現代人は視線が下に向きがちであるという。それはスマホの画面を見る時間が増えたためらしい。その影響で目が悪くなる人が多いのだという。だが、私はずっと上を見上げている。でも残念ながらここでは上を向いていても目がよくなることはなさそうだ。

奇声をあげながらびゅんびゅんと空を飛んでいる人たちがいる。その姿はさながらスパイダーマン。ここは、「フリーモントストリート」というアーケード街。ストリップ通りからタクシーで

20分程の街である。酔っ払いも多く、ガヤガヤとした歓楽街だ。だが歓楽街といっても、歌舞伎町や六本木とはわけが違う。メイン通りにあるバーカウンターでは、テーブルの上にビールやカクテルと一緒にビキニのお姉さんが立ち並んでいる。お姉さんたちは終始お客さんを見下ろしたまま接客をし、チップをもらっている。信じられない世界である。そして、そんなお姉さんの頭上を飛び回っているのが「スロットジラ」というジップラインのアトラクション。10階建ての高さから約530mを飛行するのだという。人々が飛んでいるさらに上には巨大なテレビ画面のような感じになっているアーケードの天井。チカチカと様々な会社のロゴを映し出している。もう色々やりすぎてておお腹がいっぱいだ。

そんな天井が生命を宿したかのようにいきなり一斉に動きはじめた。この世界有数のエンターテインメントの街は天井すらショーの画面にするらしい。1250万個ものLED電球を使用したスクリーンには打って変わってアメリカを代表するアーティストたちのミュージックビデオが流れ、映像がどんどん移り変わっていく。ロゴだけでも十分すごかった天井は本領を発揮し、もう驚きが止まらない。さすが、アメリカ。ここを商店街と呼んでいいかは謎だが、スケールが違う。

煌めく街の景色とすれ違う他人をまったく気にしない独特の雰囲気にようやく目が馴染んだ頃に、タイムリミットがきた。というわけで、滞在時間24時間もなく私たちはラスベガスを去った。

カフェめぐりをしにちょっと隣国

ポートランドというと、「ランド」とついているからか、フィンランドやポーランドとごっちゃになってしまう人が多いようで、「カナダにいる時にポートランドにも行ったんだよね」と話すと「へぇー、ヨーロッパにも行ったの」なんて言われることも多い。特に否定もせず濁しているのだが、ポートランドはアメリカの北西部オレゴン州にある都市である。

なんでポートランドの話をいきなりしたか。もうここまで読んで我々に詳しい皆さんなら既に察しているかもしれない。ラスベガスから帰国して数日。本格的な冬が近づきつつあるカナダを満喫していた矢先、また妹は急に休みがとれたのだ。そして、我々はポートランドにやってきた。

こう書くと、妹は仕事をしていない日の方が多いように思われるが、彼女の名誉のために書くとそういうわけではない。国はまたぐもののポートランドはバンクーバーからだと近く、日本で国内旅行するのと感覚は変わらない。日帰りで行き来しようと思えばできる距離感なのだ。だが、そんな裏事情はいちいち説明せず「ちょっと時間ができたから、ふらっとおいしいコーヒーを飲みにアメリカまで行ってきたんだ」とかっこつけて言ってみる。なんとかっこいいのだろう。だがコーヒーを飲むためにここポートランドに来たと言うのは、特段的外れなことを言っているわけではない。芸能活動を休止した坂口憲二さんがコーヒーの焙煎士へと転身するきっかけになった街もここポートランドなのだという。実はポートランドはカフェの街として有名なのだ。

素敵なカフェとの出会いに期待し、街歩きに出る。コーヒーは毎日飲むほど大好きだ。ただ、苦ければいいわけではない。深さが重要だ。苦いだけでいいとコーヒーを水代わりにし、一日10杯も飲んでいたのはほんの数年前。あの頃の私はそれはそれで満足感を得ていたが、今の私はもうそれでは満足できない。ガリガリガリガリ……数分ほど右腕をぐるぐるとまわす。これが私の一日のスタート。いわゆる「スペシャルティコーヒー」の存在を知ってからというもの、手をかけた美味しいものを飲めば、何十杯も飲まなくとも、たった1杯で満足を得られることに気づいた。しかも、コスパも良い。最高だ。事の発端は顔なじみとなった近所のコーヒー屋さん。ここ数年の自粛生活で、すっかりハンドドリップコーヒーを淹れることは私の生活の一部となっている。

一方、ポートランドに行ったこの頃の私は毎日コーヒーを飲みこそすれ、さほど知識があるわけでも、こだわりがあるわけでもなかった。だが、そんな私でもポートランドの街を歩き始めてすぐにわかったことがあった。それはこの町は四方八方カフェだらけにもかかわらず、同じようにコーヒー都市といわれるシアトルに比べて圧倒的にチェーン店が少ないということだ。どうやら、ポートランドは地元民それぞれがお気に入りの個人カフェがあり、その文化を大切にしているのだとか。そのため、大手コーヒーチェーン店が昔ここに進出しようとした際には反対運動まで起きたらしい。そういえば、マルタ共和国でもそんな話を聞いたのを思い出す。小さな映画館以外の娯楽施設は何もないあの島での毎日の楽しみは海を眺めることと、居心地のよいカフェを発掘することだった。地中海のリゾート地マルタと静寂で落ち着いた街のイメージがあるポートランドは一見まるで違うけれど、歩いていたときに感じる居心地の良さや小さなカフェがそこら中にあって賑わっている感じはなんだか似ている。きっと自分と空気感が合うのだろう。だから何をするわけでもなく、ただ時間をぼーっと過ごしているだけでも楽しい。

ポートランドの街をブラつき、手書きで書かれたメニュー表や店名の由来に思いをはせながら看板やポスターを眺める。海外でこんな贅沢な時間を過ごす事に幸せを感じるようになったのは自分が歳を重ねたせいだろうか。到着して間もないが私はすっかりこの街が気に入っていた。

カフェインホリック

最初に訪れたのは、日本の雑誌でも特集されたことのあるオシャレなホテルに併設されたコーヒー屋さんだ。店内はカウンター席がほとんどで非常にコンパクト。そのため、店内で席を確保できなかった人たちはコーヒーを抱えて隣のホテルへと行く。そして、ホテルのロビーにあるだだっ広いソファーに座って優雅にコーヒータイムを楽しむのだ。我々も忙しそうにホテルを出入りする人たちを見ながら、居心地のよい空間をまったりと味わう。飲み終えたカップを置くために再び店に戻ると、壁にかかった黒板に書かれている文字がふと目に入る。

「今日のスペシャルメニュー、ラムレーズンラテ」

同じタイミングでそれを見た妹も隣で驚いている。何故我々は揃いも揃って気づかなかったのだろう。ラムレーズンラテ。絶対おいしいに決まっている。妹と再び顔を合わせ、同時にうなずく。飲もう。さっき、同じ店で頼んだばかりだけど関係ない。レジで注文すると、すぐに待ち望んだラムレーズンラテが渡された。陶器のまん丸いコップは持っているだけなのにラムの良い香りが漂う。先ほどと同じ席につき、いそいそと口を近づけると、とろけそうな甘い香りが鼻にふわんと広がる。なんという美味しさなのだろう。

満足感いっぱいだ。見つけてよかった。その後も気ままにカフェめぐりをする。今度は先ほどの店での教訓をしっかりいかして、メニューを隅から隅まできちんと見て、妹と別の飲み物を注文し、シェアする。1軒、2軒、3軒……気づけば、甘いものはまったく口にしていないのにお腹がぽっこりとふくれている。ビール腹ならぬコーヒー腹。カフェイン過剰摂取している。今日の夕飯は美味しいレストランを予約している。そのためにも、そろそろ一度お腹の休息をとらねばならない。ホテルに戻ろう。だが、そう頭ではわかっているのに、目の前に新たなオシャレコーヒー屋さんを見つけると、何故か足は勝手にお店の方へと向かってしまう。もう飲まなくてもいいと頭では思っているのに、ついついコーヒーを頼んでしまっている。カフェイン中毒の症状だろうか。

探してみろ、この世のすべての本をそこにおいてきた

ポートランド市内には世界一と名がつく人気観光地がある。それは「本屋」である。昨日カフェめぐりをしていた時に、観光客が一軒の本屋の前で皆写真を撮っていた。その時は何故みんなここで写真を撮るのだろう、有名な映画のロケ地か何かだろうかなんて妹と話していたのだが、気になって後から調べるとどうやらそこは「世界一の本屋」らしい。前にプラハで世界一美しい図書館に訪れたことはあるが、世界一の本屋とは一体どういうところだろう。

東京のアパートには、いつの旅で買ったか忘れてしまった外国の絵本が本棚に並んでいる。実は私は本屋が近くにあることを住む場所を選ぶ際の必須条件にしている。インターネットでも気軽に本を購入できる便利な世の中になったが、やっぱり本屋さんで実際に見て選ぶのは楽しい。そんな好きが高じて海外でもふらっと本屋さんに入ることは多い。全部外国語で書かれている本は、正直内容はまったくわからないが、日本の本にはない紙質の本をペラペラとめくると独特の匂い

が漂ってきて、それだけで私はワクワクする。

というわけで、今日は改めてこの「パウエルズ・シティ・オブ・ブックス」という世界一の本屋さんにやってきたのだ。昨日はちょっと大きい本屋さんだなぁくらいにしか思っていなかったが、よくよく見るとお店は360度ほぼ全面ガラス張りで外からも店内の様子がはっきり見える。雨上がりでまだ濡れたままの道路に店内の電光がうつってキラキラとお店を輝かせ、すごい素敵なお店に見えるのは世界一と聞いたからだろうか。さぁ、いざ世界一の店内へ。

中は外から見ている以上に敷地面積が広い。なんと6300㎡もあるという。最近では、日本の本屋さんもカフェを併設しているところが多くなってきたが、ここも1階にカフェが入っている。だが、カフェだらけのポートランドにもかかわらずカフェスペースはそんなに広く

はない。あくまでもここの主体は「本」らしい。9つにもわたるフロアには100万冊以上の本が眠っており、どのフロアも天井まで高く本がつまれている。内容ごとに置かれてはいるが、古本も新本も同じ枠の中にある。ここからお目当ての1冊を見つけるのはまるで宝探しだ。冗談抜きに一日中いても読みつくすことはできないだろう。

ここに自分の本が置かれたら、どこのフロアにどういう風に陳列されるのだろう。日本でも旅行記はガイドブックと一緒に置かれていたり、エッセイのコーナーだったりと書店によって異なる。ここの場合はどうなるだろうか。もしかして、日本人作家のコーナーに置かれるのだろうか。あの有名な作家やアーティストの写真集なんかの隣に私の本が置かれるのだろうか。それとも、海外の旅人の本の近くに置かれるのだろうか。想像するだけで楽しい。そんな妄想を膨らませていると、壁に貼ってあったチラシを見ていた妹が「中古本の買い取りもしているらしいよ」と言う。

……ということは。いつかなんて夢物語を描かなくても、

「自分で持ち込んでしまえば、世界中の人に私の本が知られるわね」

「ダメよ、そんなこと。自分の力ではないじゃない」

「でも世界一の本屋さんに自分の本が並んでいるなんてかっこいいじゃない」

「そうだけど……ダメよ」

私の耳元で天使と悪魔が争っている。しかもこのままだと悪魔が勝ちそうだ。いけないいけない。いつか実力で陳列されるように頑張ろう。新たな人生の目標ができた瞬間だった。

世の中なんでもかんでも世界一と名付けすぎな件

私は一つ警鐘を鳴らしたい。近年は「ゆかりの土地」とか「発祥のお店」が世の中に多発しすぎているのではないかと。それだけではない。似たようなランキングが乱立し、なんでもかんでも「世界一」とか「日本一」とかタイトルをつけすぎている。ポートランドの本屋さんに限ったことではない。東京でも道を歩けば、なんとかパイ日本初上陸。日本一のなんとかジュース、そのうち世界一の八百屋とか魚屋まで出てきそうである。だが、私自身も感想を言う時にとりあえず「一番」とつけて、それなりの意見っぽく見せようとする節がある。なんならそれに甘んじている。これは言っている方ものっかっている方も悪い。重罪だ。だから今ここで決意しよう。もうなんでもかんでも一番とはつけない。ましてや世界一なんて言わない。私は本当に思った物にしかこれからは一番とは言わない。

今回はランニングシューズを持ってこなかった。走らない代わりに、朝の散歩に妹と出かける。頬を覆う冬独特のパリっとした空気。それが出不精の原因になったりもするが、今日はそんな空気感が気持ちよい。霜が薄くはった地面は歩く度にシャリシャリと音を立てている。ポートランドは自然保護とエコを重視していて、自転車や徒歩での移動がしやすいように街自体がコンパクトにつくられている。そのためどこに行くにもさほど迷うことはない。ホテルからまっすぐ歩いて、直角に曲がり、坂道を下ると、目の前にゆったりとした流れの川が見えてくる。これがポートランドを南北に流れる「ウィラメット川」だ。川沿いには大きな公園があり、長い遊歩道が続いている。黒いコートを着たおじいさんが連れている大型犬がトンビの群れに向かって吠えている。そんな犬の光景も、曇天の空も、吐いている息の白さも、先程から踏みつけている地面に落ちている落ち葉も、見えている景色すべてが冬っぽい。朝日がのぼりそうな気配はなく、コートを着ていても感じる川からの冷たい風で身震いが止まらない。春になるとここは一面桜並木になるというが信じられない。

しばらくそんな川沿いを歩いていると、お腹がゴロゴロと鳴りはじめた。もう限界とばかりに、そのまま近くのカフェに行く。気になっていた人気のカフェは、オープンしたばかりの時間にもかかわらず、座席が既にかなり埋まっている。早速モーニングを注文する。ここはアメリカのお母さんが作りそうな昔ながらの家庭料理を楽しめるお店というのをコンセプトにしているのだとか。店内を彩るのはアンティークな家具やシャンデリア。店内は洗練された雰囲気で実家感もお母さん感も感じないが、気さくな年上の店員さんとの会話が楽しく居心地がいい。しばらくすると、大きなコーヒーカップと共に注文した料理が運ばれてきた。頼んだのは店員さんオススメのフレンチトースト。一口目は、敢えて少し大きめに切った贅沢な一切れ。一気に口に運ぶ。

「カリッ、ふわぁ」

口の中の触感に衝撃が走る。その幸せな触感は身体中に広がり、一気に幸せモードで満たされる。こんなフレンチトースト食べたことない。正直、見た目だけだと何もかも焼きすぎなのではないかという印象を受けていたのに、そんな見た目とは裏腹に生地がふわふわなのだ。そして、パンの周りについているパリパリのアーモンドがめちゃくちゃいい仕事をしているのだ。こんな幸せな裏切りが世の中にあるなんて。美味の極み。無意識で「このフレンチトースト、世界一美味しい」と口に出してしまった。なんと罪深いフレンチトーストだろう。今この瞬間、またこの世の中に世界一と名のつくものが誕生してしまった。だが、美味しいものは美味しいのだ。

鈴の音が聞こえはじめた頃

朝食を食べ終わりカフェを出ると、数メートル先に大型バスが停まった。降りてきたのはヨーロッパ系の団体客。立派なホテルの中に入っていく彼らの後ろをなんとなくふらっとついていく。

赤い絨毯が敷かれているホテルロビーの真ん中には大きなクリスマスツリーが飾られ、あたたかみのある電灯がツリーを照らしていた。ついにこの季節がきたのか。私は冬が好きなのだ。この年初めて感じた冬の息吹に思わず心が弾む。そういえば9年前にカナダに来た時にも同じようなツリーを目にしたのを思い出す。あれ以来、ここ何年もクリスマスを家族で祝うことなどなかったが、今隣には妹がいる。なんだか不思議な感じがする。

思うがまま過ごしたポートランドの時間もあっという間に終わりがやってきてしまった。街にはモノレールのような見た目の電車が通っている。これは空港までも行くという。行きはタクシーをつかったが、帰りはこの電車に乗ってゆっくり街並みを眺めながら空港に向かうことにした。

電車はやがて住宅街や通学路のエリアに入り込み、車窓からはリアルな人々の生活環境をうかがうことができた。橋の下。川沿いの坂。今までまったく気づかなかったが、尋常じゃないほど色んな場所にテントが建っている。滞在中は路上生活者を見かける機会はほとんどなかったのだが、どうやらあのテントは彼らのための物らしい。最終日にしてポートランドの貧困層の実情を知る。街の明るい面と現実的な面。対極する二つの面をこんなタイミングで知ることになるとは思わなかった。離れ行く木枯らしが吹く街を見ながら、せめて誰もがクリスマスは幸せに過ごせますように、と願った。

AIRPORT

おわりに

すぐにまたカナダに来るだろう。
そう思っていたのにあれから3年経っても再訪できていない。私の足は今も海外はおろか空港からも遠のいている。こんなことになるなんて誰が予想していただろうか。本当に思ってもみなかった出来事が人生には起きるものだ。

この旅行を終えた頃、私はカナダを母国のように思っていた。英語が話せないにもかかわらず、そう思っていた。それは私が妹の家で我が物顔で生活していたからというのもあるだろうし、ナビーンをはじめいい人ばかりに恵まれていたのもあるのかもしれない。だが、やっぱりカナダは遠い異国である。この数年、それを思い知らされた。カナダどころか実家だって遠かったのだから。

私は外に出ることが人生の楽しみのすべてだとは思わない。家にいたって、一人でいたって面白いことはできるし、学べることはある。旅行はしたいけれど、無理してまでしようとは思わない。我慢できない程のものではない。自粛生活をふまえて、ハンドドリップでコーヒーを淹れたり、ウクレレをはじめたりと新しいことにも色々挑戦した。新たな楽しみも見つけられ、生活は充実している。一人で生活はできる。だが、何かが欠けている。人生はそれなりに彩られているけれど、色が何色か足りていない。それは旅ができないせいなのか。それとも大切な人たちに会えないゆえな

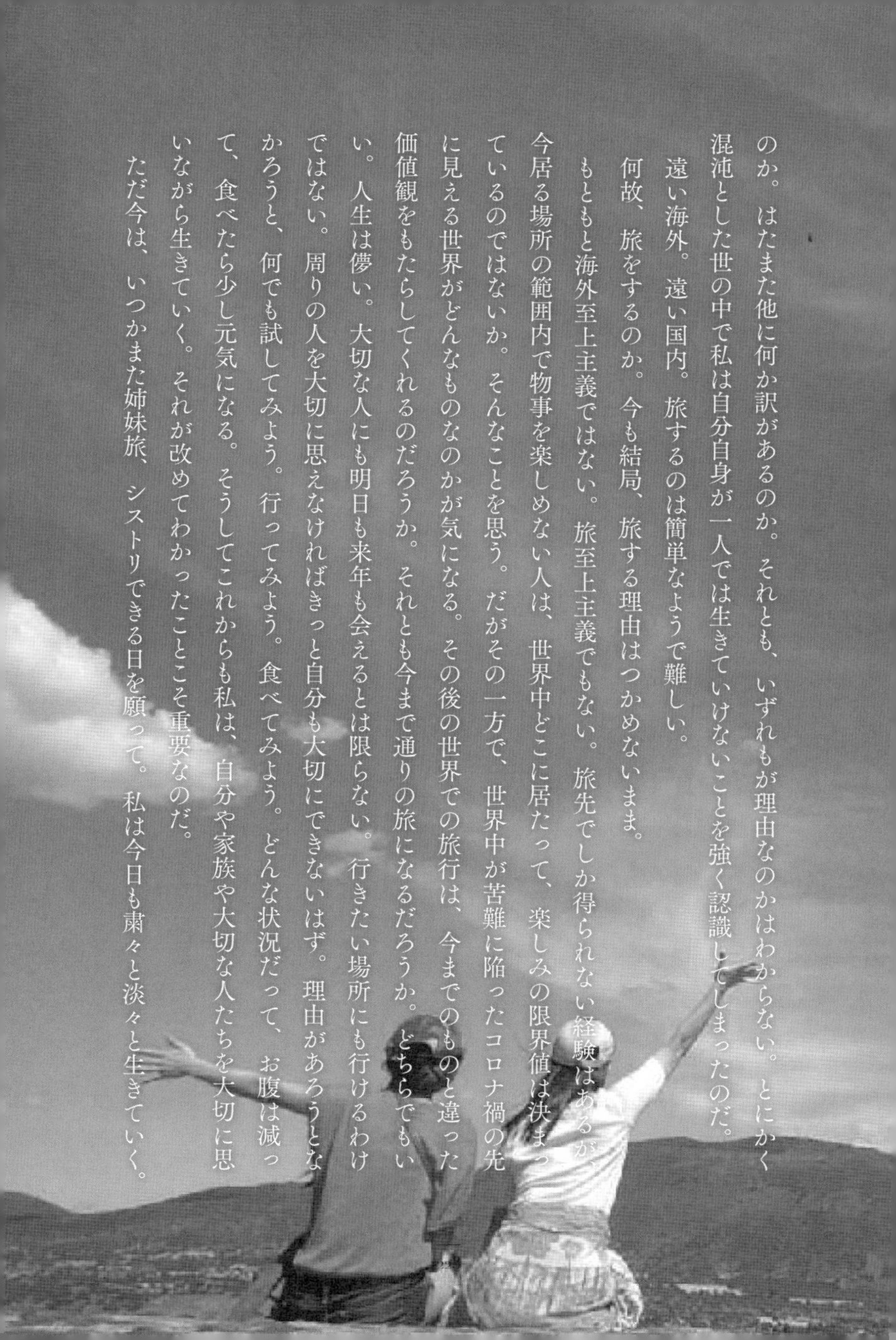

のか。はたまた他に何か訳があるのか。それとも、いずれもが理由なのかはわからない。とにかく混沌とした世の中で私は自分自身が一人では生きていけないことを強く認識してしまったのだ。

遠い海外。遠い国内。旅するのは簡単なようで難しい。

何故、旅をするのか。今も結局、旅する理由はつかめないまま。

もともと海外至上主義ではない。旅至上主義でもない。旅先でしか得られない経験はあるが、今居る場所の範囲内で物事を楽しめない人は、世界中どこに居たって、楽しみの限界値は決まっているのではないか。そんなことを思う。だがその一方で、世界中が苦難に陥ったコロナ禍の先に見える世界がどんなものなのかが気になる。その後の世界での旅行は、今までのものと違った価値観をもたらしてくれるのだろうか。それとも今まで通りの旅になるだろうか。どちらでもいい。人生は儚い。大切な人にも明日も来年も会えるとは限らない。行きたい場所にも行けるわけではない。周りの人を大切に思えなければきっと自分も大切にできないはず。理由があろうとなかろうと、何でも試してみよう。行ってみよう。食べてみよう。どんな状況だって、お腹は減って、食べたら少し元気になる。そうしてこれからも私は、自分や家族や大切な人たちを大切に思いながら生きていく。それが改めてわかったことこそ重要なのだ。

ただ今は、いつかまた姉妹旅、シストリできる日を願って。私は今日も粛々と淡々と生きていく。

小山優美（こやま・ゆうみ）

エッセイスト。旅ランナー。神奈川県生まれ。
2011 年、青山学院大学卒業後、法人営業マンとして 7 年間大手旅行会社に勤務。その後、外資系企業にて世界規模のスポーツ大会の進行運営にも携わる。これまで 30 カ国 160 都市以上を訪れている。本作は、コロナ禍以前にカナダ在住の妹とともに北米 10 都市を巡る旅に出た時のことを綴ったもの。デビュー作は「人生リセット旅」（幻冬舎）。俳句・コラムでの受賞歴もあり。現在は、秋田と東京の 2 拠点生活を送りつつ、エッセイストとして、ジャンルを超えて幅広く活動している。

北米大陸《ほくべいたいりく》てくてく放浪記《ほうろうき》 シストリ

2023年1月13日　初版第1刷

著　者　小山優美
発行人　松崎義行
発　行　みらいパブリッシング
〒166-0003 東京都杉並区高円寺南4-26-12 福丸ビル6階
TEL 03-5913-8611　FAX 03-5913-8011
https://miraipub.jp　MAIL info@miraipub.jp

編　集　よしのまどか
ブックデザイン　洪十六
発　売　星雲社（共同出版社・流通責任出版社）
〒112-0005 東京都文京区水道1-3-30
TEL 03-3868-3275　FAX 03-3868-6588
印刷・製本　株式会社上野印刷所

ISBN978-4-434-31261-8 C0026